Francisco de Rojas Zorrilla

Donde no hay agravios no hay celos

Barcelona **2024**
Linkgua-ediciones.com

Créditos

Título original: Donde no hay agravios no hay celos.

© 2024, Red ediciones S.L.

e-mail: info@linkgua.com

Diseño de cubierta: Michel Mallard.

ISBN rúsitca: 978-84-9816-219-6.
ISBN ebook: 978-84-9897-478-2.

Sumario

Brevísima presentación

La vida

Francisco de Rojas Zorrilla (Toledo, 1607-Madrid, 1648). España. Hijo de un militar toledano de origen judío, nació el 4 de octubre de 1607. Estudió en Salamanca y luego se trasladó a Madrid, donde vivió el resto de su vida. Fue uno de los poetas más encumbrados de la corte de Felipe IV. Y en 1645 obtuvo, por intervención del rey, el hábito de Santiago.

Empezó a escribir en 1632, junto a Pérez Montalbán y Calderón de la Barca, la tragedia El monstruo de la fortuna. Más tarde colaboró también con Vélez de Guevara, Mira de Amescua y otros autores.

Felipe IV protegió a Rojas y pronto las comedias de éste fueron a palacio; su sátira contra sus colegas fue tan dura al parecer que alguno de los ofendidos o algún matón a sueldo le dio varias cuchilladas que casi lo matan. En 1640, y para el estreno de un nuevo teatro construido con todo lujo, compuso por encargo la comedia Los bandos de Verona. El monarca, satisfecho con el dramaturgo, se empeñó en concederle el hábito de Santiago: las primeras informaciones no probaron ni su hidalguía ni su limpieza de sangre, antes bien, la empañaron; pero una segunda investigación que tuvo por escribano a Quevedo, mereció el placer y fue confirmado en el hábito (1643). En 1644, desolado el monarca por la muerte de su esposa Isabel de Borbón y poco más tarde por la de su hijo, ordenó clausurar los teatros, que no se abrirían ya en vida de Rojas Zorrilla, muerto en Madrid el 23 de enero de 1648.

Personajes

Don Juan de Alvarado
Sancho, su criado
Don Lope de Rojas
Bernardo, criado suyo
Doña Inés de Rojas
Don Fernando, su padre
Beatriz, su criada
Doña Ana de Alvarado

Jornada primera

(Salen Sancho y don Juan, de camino, con botas y espuelas.)

Sancho

O es que te has endemoniado,
o es que lo que haces ignoras;
en la corte y a estas horas,
¿qué buscas recién llegado?
¿dónde tu discurso va?
¿qué es lo que intentas hacer?

Don Juan

Calla, necio; ésta ha de ser
la gran calle de Alcalá,
que turbada mariposa
buscó mi llama o mi estrella.

Sancho

¿Qué quieres hacer en ella?

Don Juan

Aquí ha de vivir mi esposa.

Sancho

El juicio hemos de perder
si hay alguno que perdamos.
¿No asamos y ya pringamos?
¿Al primer tapón mujer?
Que estás cansado imagina;
mira que las doce han dado.
¿Tan llanos han caminado
mi morlón y tu frontina?
Volvemos, por Dios, podremos
a dormir a la posada
que ya dejamos tomada.

Don Juan

En tanto que no sabemos
cuál de aquestas casas es

(sea amor o sea desvelo)
adonde se oculta el cielo
de mi hermosa doña Inés,
bien puedes tener por cierto
que no habrá descanso igual.

Sancho

Acuérdate, hombre mortal,
que hoy hemos pasado el Puerto,
y por el bendito Dios
que te acuerdes de por sí,
que hay desde Burgos aquí
muy largas cuarenta y dos;
y no seas tan reacio,
sobre novio, que me pesa,
que tomes hoy tan de priesa,
lo que ha de ser tan despacio.

Don Juan

¡Ay, Sancho! que su hermosura
aun pintado, me ha abrasado.

Sancho

Hombre que se ha enamorado
no más que por la pintura,
porque a castigar se empiece
su amorosa desvergüenza,
ser sacada a la vergüenza
del desengaño merece.
Dime, Señor, por tu vida,
engáñete o no el primor,
¿ha de pintarte el pintor
si es tu mujer presumida,
si es necia o es recatada;
advertirte fiel
muy solícito el pincel
si es sucia o desaliñada?

¿Del pincel colegirás
(por más que avise elegante),
si tiene dientes delante,
si guarda corcova atrás?
¿Advertirate el retrato
con curiosa perfección
lo que hay en su inclinación,
lo que hallarás en su trato?
Porque esto solo ha de ser,
aunque más quieras culpar,
lo que se ha de examinar
en una propia mujer;
pues si no has averiguado
(de tus celos enemigo),
nada de esto que le digo,
¿de qué te has enamorado?

Don Juan   Ya su belleza acredita
lo que en ella puede haber.

Sancho   Oyes, la propia mujer
no ha de ser más de bonita,
y que ha de tener, sabrás,
semblante modesto y casto,
y hermosura para el gasto
de su marido no más.

Don Juan   Amigo Sancho, no sé,
dejando lo discurrido,
¿cómo le habré parecido
en el retrato que envié?
Porque de mi original
no vi más cierto traslado.

Sancho	Yo sí, Señor.
Don Juan	¿Qué has pensado?
Sancho	Que le has parecido mal.
Don Juan	Pues ¿no me dirás por qué? ¿La copia, di, no es igual con mi propio original? Pues di, ¿por qué?
Sancho	Yo lo sé.
Don Juan	Acaba ya, mentecato; dime la causa en rigor.
Sancho	¿Quiereslo saber mejor?
Don Juan	Si.
Sancho	No está acá tu retrato.
Don Juan	De tu necedad me río, ¿mi retrato no te di? ¿Y no hiciste el pliego?
Sancho	Sí.
Don Juan	¿Pues cuál enviaste?
Sancho	El mío.
Don Juan	Vive Dios, borracho, loco, que a ser lo que dices cierto,

pienso que te hubiera muerto.

Sancho   Señor, vete poco a poco.

Don Juan   Dime, ¿cómo ha sido?

Sancho   Espera,
                    y yo te lo contaré.

Don Juan   Acaba, di, ¿cómo fue?

Sancho   ¿Cómo fue? de esta manera:
                    ya le acordarás, Señor,
                    (que yo harto estoy de acordarme)
                    que en Flandes dio en retratarme
                    por fuerza cierto pintor;
                    pues por extraña y ajena
                    pintó mi cara endiablada
                    que es mejor para pintada
                    la mala que no la buena.
                    Y después de aquella hazaña
                    que España observa triunfante,
                    que nos dio el señor Infante
                    dos licencias para España.

Don Juan   En fin, que a Burgos llegamos,
                    patria en que los dos nacimos,
                    donde apenas conocimos
                    los mismos que antes tratamos.

Sancho   Que de tu desdicha incierto,
                    siendo tu esperanza vana,
                    menos hallaste a tu hermana
                    y a tu hermano hallaste muerto;

sin que te avise cruel
pena que tu honor profana
ni quién se llevó a tu hermana,
ni quién te dio muerte a él.

Don Juan   No acuerdes tan inhumana
pena sin darme sosiego.
¡Ay, mi hermano! ¡Ay, mi don Diego!
¡Ay, mal nacida doña Ana!
Mas si no sé mi enemigo,
¿por qué comunico al labio
sin mi venganza mi agravio?
Prosigue, Sancho.

Sancho   Prosigo.
También sabes, que después
por cartas de cumplimiento
trataste tu casamiento
en Madrid con doña Inés;
y que será dama fío
de honor, prudencia y recato;
que ella te envió su retrato.

Don Juan   Y que yo le he enviado el mío.

Sancho   Eso es fuerza que prosiga.

Don Juan   No dices cosa que importe.

Sancho   Ya hemos llegado a la corte
y esfuerza que te lo diga,
pues ahora el retrato llegó;
ya sabes, si te acordaste,
que la noche que le enviaste

14

| | me hiciste cerrar el pliego, |
| | y fue porque... |

Don Juan	Sancho, acaba;
	que todo es verdad te digo,
	porque me llamó un amigo
	al tiempo que le cerraba.

Sancho	Pues diome gana, Señor,
	de mirar en este rato
	tu retrato y mi retrato
	por ver cuál era mejor;
	y viendo en los dos pinceles
	la propiedad y el primor,
	a entrambos con mucho amor
	los envolví en dos papeles,
	pues envueltos...

| Don Juan | Dilo. |

Sancho	Espera;
	los troqué tan torpe y ciego,
	que el mío puse en tu pliego
	y el tuyo en mi faltriquera.

| Don Juan | Yo te escucho y no lo creo. |

| Sancho | ¿Pues eso a mí qué me inquieta? |

| Don Juan | ¿Y lo echaste en la estafeta? |

| Sancho | No, Señor, en el correo. |

| Don Juan | ¿Qué dirá mil Inés, repara, |

con tu cara?

Sancho
No te asombres;
dirá que todos los hombres
no han de tener buena cara.

Don Juan
¿Y qué dirá de tu talle
y de tu presencia, di?

Sancho
Si Dios me la ha dado así,
¿tengo de echarla en la calle?

Don Juan
¿Pero qué importa el engaño,
ni qué puede haber que importe,
si habiendo entrado en la corte
está cerca el desengaño?

Sancho
Ea, pues, Señor, acaba
de cumplir con tu pensión.

Don Juan
Éstas presumo que son
las monjas de Calatrava,
y no sé cómo sabremos
cual de aquestas casas es
la casa de doña Inés.

Sancho
Por su padre preguntemos;
tu prudencia comedida
así lo intente saber,
que no es segura mujer
la mujer que es conocida.

Don Juan
Él se llama don Fernando
de Rojas.

Sancho	Quiero llegar.
Don Juan	¿Y a quién lo has de preguntar?
Sancho	Un hombre se va acercando.

(Sale Bernardo.)

Bernardo	Sobre tener gran recelo,
	no tengo poco cuidado
	que mi amo salga tan tarde
	y que entrase tan temprano
	las doce y más de la noche
	son ya, y estando cerrados
	los postigos de la calle,
	más dudo, y menos alcanzo;
	amante ciego de Inés,
	de la belleza milagro,
	Fénix de amor, mi Señor,
	vive y muere de sus rayos
	pero siendo Inés su prima,
	y su tío don Fernando,
	los que entraren en sospechas
	son discursos temerarios,
	pero aquí le he de esperar
	en tanto que el Sol dorado
	al alba que los avisa
	manda recoger sus astros.
Don Juan	Ea, pregúntalo, acaba.
Bernardo	Aquí he de esperar.

Sancho	Hidalgo:
	¿Dónde posa un caballero
	que se llama don Fernando
	de Rojas? Si es vuesasted
	curial en aqueste barrio.
Bernardo	Vive en esta propia casa.
Sancho	Dígame usted en qué cuarto.
Bernardo	En toda la casa vive.
Sancho	Guárdele el cielo mil años,
	cuatro o cinco más o menos.
	Señor, ya hemos encontrado
	tu mujer; mas siendo propia
	fuera no hallarla milagro.
Don Juan	Ya lo escuché.
Bernardo (Aparte.)	Vive Dios,
	que pienso que lo he errado
	en haber dicho la casa;
	que estando dentro mi amo,
	para esperarle y salir,
	no ha de ser poco embarazo.
Sancho	Ea, manos a la boda.
Don Juan	Ea, ¿no llamas?
Sancho	Ya llamo.
Bernardo	¿Oye vuested, caballero?

Sancho	¿Caballero? mas abajo tengo mi alcuña, ¿qué quiere?
Bernardo	Que hay enfermos en el barrio, y es tarde, y mañana hay día.
Sancho	Los dos que ve se han criado en la Noruega; y así, por la noche negociamos.
Bernardo	¿Tanta prisa traen los dos?
Sancho	Nunca traemos espacio.
Bernardo	Diga, ¿por qué?
Sancho	Porque quieren muy apriesa los soldados.
Bernardo	No lo entiendo.
Sancho	Dios me entiende.
Bernardo	¿Has cenado?
Sancho	Sí he cenado; mas tú, y tu padre, y tu abuelo, y tu alma, son los borrachos.
Bernardo	To, to, to, valiente me es.
Don Juan	¿Ahora la tiendes, Sancho?

Sancho	Yo la doblaré después.
Bernardo	¿Oye?
Sancho	Bien oigo.
Bernardo	Aquí, al lado de los padres Recoletos, pues quiere reñir, le aguardo.
Sancho	Pícaro, yo nunca riño, siendo Sancho y siendo el Bravo, al lado de Recoletos, sino al lado de los diablos.
Bernardo (Aparte.)	(Así lo pienso sacar de la calle.) Ya me canso de sus cosas, y otra vez digo, que espero en el Prado.

(Vase.)

Sancho	Más se cansará vuested si me espera; por San Pablo que le he de matar.
Don Juan	Aguarda, escúchame, Sancho.
Sancho	Aguardo.
Don Juan	Entremos a ver a Inés, y al instante que salgamos Le irás a buscar.

Sancho	Bien dices. ¿Ha de esta casa? En lo alto han abierto un postiguillo.
Don Juan	Si responden...
Sancho	No está claro.

(Baja don Lope por un balcón al tablado.)

Don Juan	Un hombre, viven los cielos, o la vista me ha engañado, desciende por un balcón.
Sancho	La grande llaneza alabo.
Don Lope	¿Quién es quien está en la calle? ¿No es Bernardo?
Don Juan	No es Bernardo. Diga, ¿quién es?
Don Lope (Aparte.)	No es posible. (Aquí hay gran riesgo si aguardo, y si me voy, doy indicios de cobarde o de villano; éste es el medio mejor si no dejan libre el paso; así lo intento cobrar.)

(Saca la espada.)

Don Juan	Hay valor y tengo manos.

Don Lope (Aparte.)   (La oscuridad de la noche
                        y lo importante del caso,
                        y ver que al ruido que hacemos
                        ha de salir don Fernando.)

(Riñen.)   Me da ocasión de volver
                        al riesgo de honor los pasos;
                        ya yo he cobrado la calle,
                        y puesto que la he cobrado
                        y que no soy conocido,
                        por dama y honor volvamos.

(Vase.)

Don Juan   Si no me dices quién eres,
                        no has de pasar.

Sancho   ¡Oiga el diablo!
                        ¿Mi amo riñe conmigo?

Don Juan   Dígame, ¿quién es?

Sancho   Soy Sancho.

Don Juan   ¿Qué dices?

Sancho   Lo que te digo;
                        si no hablas recio, te mato.

Don Juan   ¿Luego se fue?

Sancho   ¿No lo ves?

Don Juan   ¿El que bajó?

Sancho	¿No está claro que dará mejor carrera quien supo dar tan buen salto?
Don Juan	Sigámosle.
Sancho	¿Tienes postas?
Don Juan	¡Que se fuese!
Sancho	Verbum caro factum est. ¡Y qué de cosas en un instante han pasado!
Don Juan	No creas que era cobarde el que bajó.
Sancho	¿Pues yo cuándo pienso que nadie es gallina? Todos para mí son gallos.
Don Juan	Si has visto lo que nos pasa, ¿qué te parece que hagamos?
Sancho	Lo que a ti te pareciere.
Don Juan	Discurramos.
Sancho	Discurramos, que ya amanece, y tendremos los entendimientos claros.
Don Juan	¡Ser yo caballero pobre,

y apenas haber llegado
de Flandes, donde a mi rey
serví más de catorce años,
cuando con su propia hija
me envía a rogar don Fernando
ella en Madrid y yo en Burgos
él la hermosa y yo rogado;
ella muy rica y yo pobre;
y que me buscasen!

Sancho   Malo;
Aristóteles contigo
discurrió como muchacho.

Don Juan   ¡Venir a Madrid contento,
y apenas haber llegado,
cuando un criado a estas puertas
(que debió de ser criado
del que estaba dentro), intenta
que de la calle salgamos,
y para sacarnos finge
que nos desafiaba!

Sancho   Malo.

Don Juan   ¡Ser ya las dos de la noche,
estar los cuartos cerrados,
ser casa en que viven solos
Doña Inés y don Fernando,
desde el balcón principal
bajar un hombre arrojado,
sacar la espada valiente
y acuchillamos a entrambos,
y por no ser conocido

irse tan apriesa!

Sancho   Malo.

Don Juan   ¡Casarme yo con Inés,
                 siendo los indicios claros!

Sancho   Peor.

Don Juan   ¿Pues qué hemos de hacer?

Sancho   Discurramos.

Don Juan   Discurramos.
                 Ahora bien, yo tengo un medio
                 extremado.

Sancho   Ya le aguardo.

Don Juan   Y es averiguar yo mismo
                 mis celos y mis agravios.
                 Bien puedo, ser que este hombre
                 no entre por Inés, y en tanto
                 que averiguo con la vista
                 lo que tan ciego idolatro,
                 tú has de hacer por mí una cosa
                 que importa.

Sancho   Vamos al caso.

Don Juan   ¿No es verdad que por el mío,
                 vino a Madrid tu retrato?

Sancho   Es verdad.

Don Juan	¿Y hay en la corte quien te conozca?
Sancho	No hallo, con ser tordo de tu higuera quien pueda llamarme Sancho.
Don Juan	Pues desde hoy te has de fingir mi amo y yo tu criado; yo lo nombre he de llamarme, y tú el mío, con que allano ser espía de mi honor en este contrario campo; fíngete don Juan ahora con doña Inés, porque entrando tú en mi nombre y yo en el tuyo en su casa disfrazados, ladrón de casa, procuro averiguar este encanto.
Sancho	Señor, ¿y si me conocen y me dan quinientos palos si no es que me den dos mil por novio de contrabando?
Don Juan	Estando yo allí no hay riesgo.
Sancho	Y dime, Señor, ¿si acaso me cobrase dona Inés afición, y entrase el diablo y me tentase, que yo soy mortal y fui soldado en Flandes?

Don Juan	¿Cómo es posible con ese talle, menguado?
Sancho	Porque siempre las mujeres quieren lo peor.
Don Juan	Pues Sancho, esto ha de ser.
Sancho	En efeto, ¿estás ya determinado?
Don Juan	Sin remedio.
Sancho	¿No hay remedio? Pues ahora bien; yo me armo de punta en necio, que son las armas de los casados.
Don Juan	¿Si te vendrán mis vestidos?
Sancho	Sí, seor don Juan, porque ¿cuándo a un pobre no le ha venido cualquier vestido pintado?
Don Juan	Desde hoy Sancho he de llamarme.
Sancho	Y yo don Juan de Alvarado. ¿Estás resuelto?
Don Juan	Sí estoy. Sancho, vamos.

Sancho	Don Juan, vamos.
Don Juan	¿Sabrás fingir?
Sancho	Como dama.
Don Juan	¿Si te turbas?
Sancho	Soy bellaco.
Don Juan	Así sabré quien me injuria.
Sancho	Así estaré regalado.
Don Juan	Hoy veré a mi Inés hermosa.
Sancho	Yo pienso engordar a palos.
Don Juan	Pero si Inés no es quien es...
Sancho	Mas si caen en el engaño...
Don Juan	Tomaré venganza en todos.
Sancho	Muera Sancho y muera harto.
Don Juan	Ea, don Juan, a vestiros.
Sancho	Ea, Sancho, a desnudaros.
Don Juan	Bien empiezas.
Sancho	Sí, Señor,

que soy, por ser tu criado,

tu criado Pericón,
que me haces de todos palos.

(Vanse.)

(Sale Beatriz con manto y doña Inés sin él.)

Beatriz En fin, tú me has despedido.

Doña Inés Beatriz, no repliques más.

Beatriz Injusto pago me das
del tiempo que te he servido.
¿Con tanta ira y rigor
premias mi antigua lealtad?

Doña Inés Antes que mi voluntad
tiene su lugar mi honor.

Beatriz Solo te pido que acabes,
puesto que me has despedido,
de decir, en qué he ofendido
tu decoro.

Doña Inés Tú lo sabes.

Beatriz Mi ánima sea maldita
y por Dios excomulgada
por toda mi santiguada
y por esta cruz bendita,
señora, que yo no sé
por qué te hayas enojado.

Doña Inés Pues si no me he declarado,

escucha y te lo diré.

Beatriz   Dilo, pues que sin razón
me riñes a troche moche.

Doña Inés   Pues dime, Beatriz, ¿anoche
a qué, abriste mi balcón
a más de las diez?

Beatriz   Repara
que en eso no hay que culpar,
porque puse a serenar
el agua para la cara.

Doña Inés   ¿No hablaste al abrir?

Beatriz   No hablaba.
(Aparte.)   (Ella ha de cogerme aquí.)

Doña Inés   Mientes, Beatriz, yo te oí.

Beatriz   Es verdad, pero rezaba.

Doña Inés   Pues dime, ¿por qué razón
cuando en la ventana estabas,
ya que rezabas, rezabas
tan recio?

Beatriz   Es más devoción.

Doña Inés   ¡Oh, qué bien sabes tener
la respuesta prevenida!
Y di, ¿a qué estabas vestida
antes de amanecer?

Y si acaso sueño fue
y vestida te dormiste,
¿cómo no me respondiste
al tiempo que te llamé?
¿Cómo habiendo alborotado
la casa, no respondías?
Dirasme que no me oías.

Beatriz   Tengo el sueño muy pesado.
(Aparte.)   (Yo he de escaparme, por Dios.)

Doña Inés   ¿Dormías desta manera
                 cuando echaste un hombre fuera
                 por el balcón a las dos?

Beatriz   ¿Yo eché un hombre fuera?

Doña Inés   Sí.
                 Tú, Beatriz, en conclusión,
                 fuiste quien abrió el balcón.

Beatriz   ¿Quién lo dice?

Doña Inés   Yo lo vi.

Beatriz   Pues si lo viste, Señora,
                 y estás en eso tan cierta
                 tu primo...

Doña Inés   No me le nombres.

Beatriz   Don Lope.

Doña Inés   Irritarme intentas.

31

Beatriz   Anoche, a primera noche,
hallando la puerta abierta,
se acogió acá, porque dijo
que llovía, en la escalera
dijo que hablarte quería,
y entrando con tanta priesa
apenas empezó a darme
el hábito de tercera
y apenas yo le tomaba
para ser criada buena,
cuando el viejo de tu padre
por esa cuadra atraviesa;
yo que lo sentí, ¿qué hago?
Porque a tu primo no sienta
al banasto de un balcón
le zampucé con presteza;
cerré el balcón por de dentro,
y al dejarle por defuera,
todos sus deseos puse
al sereno como velas;
pero como soy tan pía
que soy parienta de Eneas,
y esto de hacer bien a todos
lo tengo desde pequeña,
apenas sentí que estabas
sosegada, aunque despierta
y apenas vi que tu padre
no escupió una vez siquiera
ni dijo esta tos es mía,
con ser la tos su perpetua,
cuando abriéndole el balcón
le saqué porque se fuera,
tan quedito, que pensó

que íbamos pisando yemas;
pero como el buen don Lope
miró la casa tan quieta,
dio en decir erre que erre,
cuando yo fuera que fuera;
y yéndose a tu aposento
o por amor o por tema,
oliendo hacia donde estabas,
porque es amante de muestra,
te alborotó, y diste en esto
voces tales, como buenas;
Él a este tiempo asustado,
como silbado poeta,
recelando que tu padre
o le conozca o te vea,
antes que haga de las suyas
dispuso hacer de las nuestras
volviose al señor balcón,
y, en efecto, por la reja
saltó a la calle, en la cual
hubo no sé, qué pendencia.
Éste, Señora, es el caso
para que mejor lo sepas,
contado al pie de la boca,
ya que no al pie de la letra;
y supuesto que tu padre
no lo sintió, no consientas
dar un castigo tan grande
a una culpa tan pequeña.
Así tu novio don Juan,
que por instantes esperas,
no tu marido, Señora.
Sino tu amante parezca;
así le goces tu...

Doña Inés	Calla,

si no quieres que sangrienta,
antes que a don Juan pronuncies
te despedace la lengua.
¿Yo casarme con don Juan?
No lo permitan adversas
con violencias mi fortuna
ni con influjos mi estrella;
antes el mar de mis ojos
rompa cuando airado crezca
el margen de las mejillas,
que son sus blancas riberas.
Y a ti, porque has irritado,
o desconocida o necia,
con tu ruego, mi piedad
mi obligación con tu queja
pues con don Lope traidora,
pues con don Juan balagueña,
más que me obligas me irritas,
me enojas más que me empeñas,
porque a don Juan me nombraste...

(Sale don Fernando.)

Don Fernando Inés, ¿qué voces son estas?
¿Qué ha sido?

Doña Inés No sé, Señor.

Don Fernando Beatriz, ¿por qué estás cubierta?

Beatriz Señor, estoy despedida.

34

Don Fernando	¿Por qué?
Beatriz	Decirlo quisiera; mas aunque lo intento hacer no me deja la vergüenza.
Don Fernando	¿Qué es el caso?
Beatriz	Mi Señora, que ha dado en aquesta tema.
Don Fernando	¿Qué es?
Beatriz	En que no ha de casarse con don Juan, aunque tú quieras; y porque la dije ahora solo que te obedeciera...
Don Fernando	¿Qué hizo?
Beatriz	Me despidió.
Don Fernando	¿Ésa fue la causa?
Beatriz	Ésta.
Don Fernando	Quítate el manto, Beatriz.
Beatriz	Oh, vivas más que una suegra, cuando es rica y tiene yerno que desea que se muera.

(Vase.)

Don Fernando	Ahora me llego a hablarla. ¿Inés?

Doña Inés   Señor, ¿qué me ordenas?

Don Fernando   ¿No dirás qué novedad
ha irritado tu obediencia?
¿De qué tan triste estos días,
o de airada o de suspensa
le trasladas a los ojos
las pasiones de la lengua?
¿No es don Juan gran caballero?
¿Por qué neciamente niegas
a mi cuidado este amor,
a mi fe esta diligencia?
¿No quieres a don Juan?

Doña Inés   No.
Y ya que entre tantas penas
a lo secreto del alma
rompió el recato la nema,
no me he de casar con él;
y porque la causa sepas,
repara en este retrato
si es justa mi inobediencia.

(Dale un retrato, y míralo.)

Don Fernando   ¿Qué tiene?

Doña Inés   Que no es posible,
aunque tú me lo encarezcas,
que sea hombre principal
un hombre de esta manera.

¿Ésta es cara de hombre noble?
¿Puede tener sangre buena
quien tiene este talle? ¿Este arte
es arte de hombre de prendas?

Don Fernando

Pues di, ¿quién ha conocido
por el rostro la nobleza?
¿Dice el talle calidades?
Las obras son las que enseñan
la buena sangre; el valor
es la más hermosa muestra.

Doña Inés

Sí, pero la buena sangre,
aunque se oculte en las venas,
puede hacer que las facciones
participen de su influencia.
Bien así como el cristal
que es la sangre de la tierra,
que cuanto más puro y limpio
en sus entrañas se hospeda,
tanto más la tierra misma,
que es más noble la demuestra.

Don Fernando

No sofística procures
convencer con experiencias
verdades que en su valor
seguras experimentan.
Tú has de casarte con él
aunque...

Doña Inés

                    Suspende la lengua,
porque mi albedrío es mío,
y no es justicia que quieras
sujetarme, por ser padre,

lo que aun Dios no me sujeta.

Don Fernando   Advierte, Inés, que don Juan,
aunque es pobre, ahora espera
heredar de un tío anciano
dos mil ducados de renta.

Doña Inés   Antes si tiene don Juan
parte por donde le quiera
es por ser pobre, que amor
no se paga con riquezas;
si yo hubiera de elegir
uno en dos hombres, y fuera
uno rico y otro pobre,
y fueran de iguales prendas,
porque me quisiera más
al que es más pobre eligiera.

Don Fernando   Mira, Inés, yo no te pido
que te cases.

Doña Inés   ¿Pues qué intentas?

Don Fernando   Que veas solo a don Juan o
porque puede ser que sea
mucho mejor la persona
que la pintura.

Doña Inés   No creas
que falten a la malicia
las antiguas experiencias;
porque el más recto pincel
es el que más lisonjea,
que como ya el interés

lisonja y pinturas premia,
se han hecho de un mismo modo
los pinceles y las lenguas;
pero por obedecerte,
y porque no te parezca
que es mi desdén por impulso
ni mi enojo por estrella,
yo esforzaré mi deseo
a quererle cuanto pueda
venga don Juan a mis ojos,
que porque bien me parezca,
a mis motivos presumo
reconvenir con violencias
y porque quiero también,
que aborreciéndole veas
que por su amor contra el mío
haga la mayor fineza.

(Sale doña Ana.) ¿Pero quién se ha entrado aquí?

Doña Ana   Una mujer es, que intenta
            hablar con vos, don Fernando.

Don Fernando   ¿A solas?

Doña Ana   Sí.

Don Fernando   Vete afuera.

Doña Inés   Ya te obedezco.

(Vase.)

Don Fernando   ¿Quién sois?

Doña Ana	Una infelice, que espera
	vuestro amparo.

Don Fernando	Descubríos.

Doña Ana	Aunque mi propia vergüenza
	me aconseja que me oculte,
	mi honor también me aconseja
	que os hable más mi semblante
	de lo que os dirá mi pena.

(Descúbrese.)

Don Fernando	¿Qué es vuestro mal?

Doña Ana	Un agravio

Don Fernando	¿Quién le ha causado?

Doña Ana	Mi estrella.

Don Fernando	¿Y después?

Doña Ana	Un hombre aleve.

Don Fernando	Y puesto que yo te sepa,
	¿lo puedo yo remediar?

Doña Ana	A eso vengo.

Don Fernando	¿Di, qué intentas?

Doña Ana	Oye mi mal.

Don Fernando	Ya le espero.
Doña Ana	Pues óyeme atento.
Don Fernando	Empieza.

Doña Ana

Es mi nombre doña Ana de Alvarado,
Burgos mi patria: Burgos, que ha intentado
con sus agujas y sus torres bellas
competir con la luz de las estrellas:
nací de sangre noble y valerosa,
tan infeliz como si fuera hermosa;
criome con recato y con cuidado
mi padre, don Alonso de Alvarado.

Don Fernando

Parad ahora, que el dolor mitigo:
el que nombráis fue mi mayor amigo,
y obligaciones grandes os confieso.

Doña Ana

A ampararme de vos vengo por eso
que en vos tiene fundada mi esperan
o la satisfacción o la venganza.
Viví tan sin amor, tan sin cariño,
que no temí las flechas del Dios niño,
pues me halló, cuando quiso darme
muy atento el sentido de los ojos;
mas no hay quien a sus iras se resista
que no venga a quedar con menos
en fin, rayó el amor con más violencia,
obró más, donde halló más resisten
vi una tarde en el campo un forastero,
habló amante, creíle lisonjero,
creíle; mas loaba mi hermosura,
que la lisonja tiene esa ventura.

41

Dejele, despidiose, fuese luego,
inquietoseme todo mi sosiego,
y aunque estaban entonces divertidos
llamé a junta potencias y sentidos,
y porque amor ganase la victoria
la Voluntad dispuso a la memoria:
obró el discurso torpe y poco atento,
la memoria engañó al entendimiento:
los ojos, si no ciegos, suspendidos
se dejaron guiar de los oídos.
Dile entrada en mi casa con recato,
ardió el amor, que le atizaba el trato
salimos a un jardín, él me rogaba,
yo lloré, sin saber por qué lloraba;
consolome, admití grata el consuelo,
y el temor le guardé para el recelo:
con pasiones procuro convencerle;
dijo más, tuve gana de creerle,
y como fuentes, árboles y flores
apadrinan mejor al Dios de amores,
como la noche estaba tan oscura,
cuanto después lo ha estado mi ventura
dándome una palabra incierta y vana
que el deseo creyó de buena gana,
sin rienda la pasión, que mi amor llama
ya sin temor la nave de mi fama,
sin móvil este cielo de mis ojos,
ya sin fuerza este ardor de mis enojos,
me aparté de una fuente pura y fría,
que por vecina murmurar podía.
Y, al fin, Señor (¡oh si para tal mengua
la voz se deslizara de la lengua!)
Y, al fin, señor (¡oh si por más enojos
se saliera mi ofensa por los ojos!);

mas si digo que dijo que me amaba,
que amena soledad nos convidaba,
que porque mi desdicha me convenza
le dio sombra la noche a mi vergüenza,
que las llores mediaban mi cuidado,
¿qué te cuento, si ya te la he contado?
Fuese por una suerte desdichada
en que fue mi fortuna interesada,
supo mi padre tan preciso agravio,
y el corazón se le negaba al labio:
enterneció los montes y, los vientos,
muriose de llorar dos sentimientos;
y, en fin, oculta de él, con tantos daños,
viendo que se pasaban cuatro años
en que por mitigar tantos enojos
regaba mi esperanza con mis ojos
viendo mi honor perdido,
y juzgando que aquel que me ha ofendido,
en Madrid disimula su cuidado,
vine a Madrid, adonde no le he hallado
porque de su traición he prevenido
que fingiéndome el nombre me h mentido;
pero aunque mi discurso intentó sabio
no verte, por callarte aqueste agravio,
hallo por mejor medio
buscar en tus consejos el remedio;
y así, si la amistad del padre mío,
si mi delirio acaso o desvarío
te obligan como noble y como anciano,
hoy me rindo al amparo de tu mano,
y en tu casa, por ver mi fama honrada,
ampara una mujer tan desdichada,
no ande mi deshonor tan peregrino,
porque ganes...

(Sale Beatriz.)

Beatriz   Don Lope tu sobrino,
                           todo el color turbado,
                           de algún riesgo su aliento embaraza
                           quiere hablarte.

Don Fernando   Di que entre: vos, señora,
(Vase Beatriz.)   con mi hija estaréis oculta ahora,
                           que yo os prometo, como caballero,
                           mirar por vuestro honor.

Doña Ana   Así lo espero.

Don Fernando   El mismo honor de vuestro padre es mío.

Doña Ana   Pues hoy mi honor de vuestra sangre fío.

Don Fernando   En mi fe no pongáis vano recelo,
                           entrad presto.

Doña Ana   Ya voy.

(Vase.)

(Sale don Lope con un papel.)

Don Lope   Guardeos el cielo.

Don Fernando   ¿Qué es esto, amigo don Lope?
                           ¿Que turbaciones han sido
                           las que atentamente cuerdo
                           en vuestro rostro averiguo?

44

Don Lope	¿Mi sangre es vuestra?
Don Fernando	Sí, Lope.
Don Lope	¿No somos los dos amigos?
Don Fernando	Y ese es para entre los dos el parentesco más fino.
Don Lope	¿Me aconsejaréis?
Don Fernando	Los viejos no tenemos otro oficio.
Don Lope	¿Estamos solos?
Don Fernando	Sí estamos; ea, declaraos, sobrino.
Don Lope	Pues oíd este papel.
Don Fernando	Empezadle.
Don Lope	Ya le digo.
(Lee.)	«Amigo don Lope: el hermano de el caballero que distéis muerte en esta ciudad, ha partido hoy a esa villa: yo no sé lo que intente, solo sé, que a mí me toca dar este aviso, y a vos el cuidado de tan grande enemigo. Guardeos el cielo. Burgos»
Don Lope	¿Habéis oído el papel?

Don Fernando	Sí, don Lope, ya le he oído.
Don Lope	¿Es grande el empeño?
Don Fernando	Sí;
	pero decidme, sobrino,
	¿fue justa la muerte?
Don Lope	No.
Don Fernando	¿A quién matasteis? Decidlo.
Don Lope	Di la muerte sin querer,
	al mayor amigo mío.
Don Fernando	¿Cómo fue?
Don Lope	Para el remedio

quiero decir el delito:
por celebrar de Isabel
el fruto esperado opimo,
primero botón del árbol
del gran monarca Philipo,
Burgos, esa gran ciudad
cuyos altos edificios
a vencer al Sol gigante
compiten consigo mismos,
dispuso toros y fiestas
al popular regocijo,
en su plaza, que en España
es antiquísimo circo;
y un caballero que en ella
era el mejor o el más visto,
muy galán sin presunción,

discreto sin artificio,
muy airoso sin cuidado,
sin ser prolijo muy limpio;
y, sobre todo, sin ser
lisonjero, el más bien quisto,
me envió a llamar a esta corte,
porque con mi lado quiso
dar novedad a su patria,
y a su atención un amigo.
Obedecile, y apenas
el aparato festivo
del pimpollo Baltasar,
disfraz vistoso corrimos,
cuando después que valiente,
llevándome por padrino,
a la cerviz de seis fieras
fijó penachos de pino.
Salímonos a pasear
por el margen cristalino
de Arlanzón, a cuyo espejo
el Sol se mira Narciso;
y entre las muchas bellezas,
que al prado ajado y marchito
le hermosearon más fragante,
o te hicieron más florido,
vi una belleza embozada,
cuyos ojos fueron vistos,
para el yerro de mi amor
dos imanes atractivos;
y excusando el referirte,
por no usado o por prolijo,
las antiguas novedades
que usa Amor en los principios,
digo, que a su casa fui,

después de algunos avisos,
que me tuvieron de costa
esperanzas y suspiros.
Llegué y vi en ella una dama
tan bella (mas si es preciso
que a mi honor dudoso busqué
las veredas y caminos,
no embaracemos mi labio
y tu atención al decirlos),
que si de amor los efectos
con los del honor unimos,
se equivocarán de suerte
gloria y dolor respectivos,
que ni unos serán de pena,
ni otros servirán de alivio.
Dentro en su casa un noche
yo y el dueño, que fue mío,
con ruegos muy de la pena,
con voces muy del oído,
nos decíamos amores
no hablados y ya entendidos,
cuando alborotó mi amor,
que, en afecto, Amor es niño,
un golpe, que dé una puerta
rompió bisagras y quicios.
Mató mi dama una luz,
entró un hombre: yo, atrevido,
doy la defensa a la espada
y la indignación al tilo.
A escuras, pues, me buscaba
y a escuras le solicito,
cuando a mis pies desangrado,
por mi suerte o su destino,
cae mortal, y tan mortal

le fingió la idea herido
que aun no le costó la muerte
la propiedad de un suspiro.
Saca la luz asustada
mi dama, el suceso miró,
y hallo que el que estaba muerto,
(aquí la memoria aflijo)
era (¡qué grave dolor!)
Era aquel amigo mío
por quien fui a Burgos, aquel
Fernando, que he referido,
que, como de mis deseos,
fue dueño de mi albedrío;
Mas preguntárasme ahora,
¿cómo siendo tan amigos,
cómo paseando juntos,
ambos a dos no supimos
ni él, que yo amaba a su hermana,
ni yo el amor que conquisto?
Y era el caso, que esta dama,
por enojos muy antiguos,
apartada de su padre
con recato, con retiro,
en casa de una parienta,
viéndose tan sola, quiso
aventurar con su fama
la lealtad de dos amigos.
La muerte, ya la escuchaste:
mi amor, ya le has entendido.
Fuime, sin entender nadie
ser dueño de este delito,
porque también a mi dama
hablé con nombre fingido.
Dejé olvidado este amor,

y llegando a lo preciso,
sabe que el menor hermano,
de este caballero mismo,
habrá tres meses y más,
que a Burgos de Flandes vino,
y aunque sabe quién es
su ofensor, he presumido
que a Madrid viene a buscarme
por sospecha o por indicio;
y aunque a mí no me conoce,
puesto que nunca me ha visto,
al consejo de esas canas
prudente y osado aspiro:
que viene a Madrid, es cierto;
que ha de buscarme, imagino;
huir de él es cobardía:
querer matarle, es delito;
no esperarle, es gran desdoro;
solicitarle, es delirio;
y así... a la puerta han llamado.

Don Fernando   ¿Quién es?

(Sale Beatriz.)

Beatriz   Albricias te pido:
el novio de ti esperado
más galán que diez Narcisos,
más hueco que un guardainfante,
en este instante ha venido.

Don Fernando   Pues a Inés llama, Beatriz,
y abre de paso el postigo
de esa antesala, y harás

que esté todo prevenido.

Beatriz   Voy al punto.

(Vase.)

Don Lope   ¿Qué es aquesto?
                   ¿Habéis casado, decidlo,
                   a doña Inés?

Don Fernando   Sí, don Lope.

Don Lope   ¿Cómo, siendo deudo mío,
                   no me avisastes?

Don Fernando   Porque
                   fue no avisaros preciso.

Don Lope   ¿Quién es?

Don Fernando   Luego lo veréis.

Don Lope (Aparte.) ¡Qué desdicha!

Don Fernando
(Aparte.)   ¡Mortal vivo!

Don Lope (Aparte.) ¿Yo sin Inés?

Don Fernando
(Aparte.)   Vive Dios,
                   que don Juan es su enemigo.

Don Lope (Aparte.) Pero yo lo evitaré.

Don Fernando

(Aparte.)   Mas remediarlo imagino.

(Sale doña Inés por una puerta, y Beatriz; y por otra Sancho, don Juan y Bernardo, y Sancho vestido de galán con joyas.)

Beatriz   ¿Ea, no llegas, Señora?

Don Juan   Ea, no llegues tan tibio.

Doña Inés   Vas a la muerte.

Sancho   Allá voy.

Doña Inés   Muerta vengo.

Don Lope   Estoy perdido.

Don Fernando   Él llega.

Doña Inés   Bien satisfece
su talle a lo imaginado.

Don Fernando   Seáis, don Juan, bien llegado
a esta casa.

Sancho   Que me place.

Don Fernando   Mucho de veros me alegro.

Sancho   Desgraciado vengo a ser:
antes de ver mi mujer
me han pegado con mi suegro.

Don Juan (Aparte.)	No dirás cosa que importe.
Sancho (Aparte.)	(Yo lo he de echar a perder.) Decid, ¿no podremos ver un poco de la consorte?
Don Fernando	Es obligación forzosa.
Don Juan	En lo que dices repara.
Doña Inés	¡Qué talle! ¡qué mala cara!
Don Fernando	Ésta es, don Juan, vuestra esposa.
Sancho	A vuestra luz peregrina fallezca el alma envidiosa, que antes os juzgaba hermosa, y ahora os hallo divina; sois de notable hermosura, y sois, en fin (fuera miedos), más de aquestos cuatro dedos mejor que vuestra pintura. Dais quince a cuantas beldades intentan...
Don Juan	Necedad fue.
Sancho	Señora, en estando en pie diré dos mil necedades.
Don Fernando	Sillas, ¡hola!
Bernardo	Él ha empezado

con lindo estilo, en efeto.

(Siéntase.)

| Doña Inés | Por solo oíros discreto
procuro veros sentado. |

Don Lope (Aparte.)   De rabia y de enojo muero:
                      ¿hay hombre más desdichado?

Don Fernando
(Aparte.)   El tal don Juan de Alvarado
                      parece gran majadero.

Doña Inés   Decid, ¿cómo habéis venido?

Sancho   Como quien os viene a ver,
                      bueno; mas quiero saber,
                      ¿qué tal os he parecido?

Doña Inés (Aparte.)   (¡Que esto pregunte don Juan!)
                      Vuestro mismo talle abona
                      que no habrá en Madrid persona
                      que os compita en ser galán;
                      porque nuestro talle, creo,
                      que es el más raro que vi.

Sancho   Todos lo dicen así,
                      y yo también me lo creo.

Don Lope   Pues saber también espero,
                      pues lo más preciso es,
                      ¿qué os parece doña Inés?

Sancho	¿Quién es este caballero?
Doña Inés	Es mi primo a quien estimo, y que es mi sangre atended.
Sancho	Conózcame vuesarced por su hermano y menor primo.
Don Fernando	Esto es lo más importante, y aun no lo habéis respondido: ¿Inés, qué os ha parecido? Decídmelo.
Sancho (Ríense.)	Lo bastante. ¿Bien? ¡Qué! ¿fue necedad?
Doña Inés	Yo he de perder el sentido.
Sancho	Por mi vida, ¿qué? ¿qué ha sido disparate la verdad?
Don Lope	Una ignorancia, en rigor, de un novio, no hay que admirarse.
Sancho	Primo, para mí el casarse es la necedad mayor; que es muerte el casarse infiero; y así debéis de advertir que se va un novio a morir, pues que le lloran primero.

(Llégase Bernardo a don Juan.)

Bernardo	Por una sospecha incierta

que saber mi enojo intenta,
si él o su amo llamó
ésta noche a aquesta puerta,
porque le he desafiado,
y quiero que sepa, que
cuerpo a cuerpo le diré
lo que allá verá en el Prado.

Don Juan (Aparte.)   El criado es, vive Dios,
que anoche en la calle estaba,
y el que a su amo esperaba
cuando llegamos los dos.

Bernardo (Aparte.)   Y para tan grande empeño,
que he de castigarle digo.

Don Juan   Hidalgo, no habla conmigo.
(Aparte.)   (Éste es sin duda su dueño.)

Bernardo (Aparte.)   La voz, el aire y el talle
todo junto me engañó.

Don Juan (Aparte.)   Y el que a deshora bajó
desde el balcón a la calle.

Bernardo (Aparte.)   ¿De qué sirve hacer extremos,
pues lo niega?

Don Juan (Aparte.)   ¡Hay tal dolor!
¡Hay más infelice amor!
sospechas, averigüemos.

Don Fernando   Decid.

Sancho	Saber he querido, supuesto que va he llegado, si es la novia de contado y el dote de prometido.
Don Fernando	Vos habéis hecho un reparo que parece desvarío; esto es puesto.
Sancho	Señor mío, cuanto más yerno más claro.
Don Lope	Como habéis sido soldado, os preciáis de desparcido.
Sancho	No tengo más que haber sido que ser don Juan de Alvarado.
Don Lope (Aparte.)	(Don Juan de Alvarado dijo, o el oído me engañó; y pues de Burgos llegó, que es el hermano colijo de don Diego, aquesto es cierto, a quien yo la muerte di.) ¿Vos no sois de Burgos?
Sancho	Sí.
Don Lope	¿Tenéis otro hermano?
Sancho	Es muerto, que le dieron muerte fiera, mas no por valor, por suerte.

Don Lope	¿Y sabéis quién le dio muerte?
Don Juan	Si mi dueño lo supiera,
	sangriento en airados lazos,
	porque su ofensa vengara,
	¿del pecho no le arrancara
	el corazón a pedazos?
	Y cuándo a su muerte aspira,
	¿tuviera en otra balanza
	vida para su venganza
	ni objeto para su ira?
	Porque si de ser cruel
	se redujera templado,
	yo, que nací su criado,
	le diera muerte por él
Don Lope	¿Y a vos quién os mete aquí
	en hablar ni responder?
Sancho	Téngole dado poder
	para enojarse por mí.
Don Lope	¿De haberme así replicado,
	decid, cuál la causa fue?
Don Juan	Perdonad, que me llevé
	del afecto de criado.
Don Fernando	De ordinario afecto pasa
	enojo tan desigual..
Don Juan	Soy criado.
Don Fernando	Y muy leal.

Sancho	Sancho se ha criado en casa,
	como a hermano le he tenido,
	y que es bizarro advertís.
Doña Inés	Señor don Juan...
Sancho	¿Qué decís?
Doña Inés	Buen criado habéis traído.
Sancho	Supuesto que a escuchar llego
	que le atabas sin compás,
	no he de ponérmele más,
	servíos de él desde luego.
Bernardo (Aparte.)	Ser quiero su amigo fiel.
Don Juan	Saber vuestro nombre aguardo:
	¿cómo os llamáis?
Bernardo	Yo, Bernardo.
Don Juan	Viven los cielos, que es él.
Don Fernando	Ea, ¿qué es lo que aguardamos?
Doña Inés	¿Qué es, cielos, lo que me pasa?
Don Fernando	Venid, veréis vuestra casa.
Sancho	Vamos, Inés.
Doña Inés	Don Juan, vamos.

Don Juan (Aparte.)   Pues esta fortuna sigo,
                                 celos, sufrid y callad.

Don Lope (Aparte.)   ¡Que se viniese a casar
                                 con mi dama mi enemigo!

Don Fernando
(Aparte.)   ¡Hay duda y pena mayor!
                                 ¡El hijo que yo he elegido,
                                 ignorante y ofendido,
                                 mi sangre el ofensor!

Doña Inés (Aparte.)   ¡Que mi estrella en este empeño
                                 dueño me haya señalado
                                 tan malo, que aun el criado
                                 es mucho mejor que el dueño!

Sancho (Aparte.)   ¡Que tenga yo dama honrada,
                                 ave de gusto y primor,
                                 y me parezca mejor
                                 la vaca de la criada!

Don Juan (Aparte.)   ¡Que mi mal sin esperanza,
                                 halle para más dolor
                                 recelos en el amor
                                 y dudas en la venganza!

Don Lope (Aparte.)   ¡Que para tantos desvelos
                                 haya, en igual recompensa,
                                 de callar aquí una ofensa,
                                 y sufrir aquí unos celos!

Don Fernando

(Aparte.)	Pues penas, ¿cómo más bien he de cumplir con mi fama? De mí se ampara una dama, y el que la ofendió también.
Don Juan (Aparte.)	Pero ya preciso es dar mi silencio a mi labio.
Don Lope (Aparte.)	Pero cauteloso y sabio pienso pretender a Inés.
Don Fernando (Aparte.)	Pues fuerza es que medio halle para poderío atajar.
Doña Inés (Aparte.)	Pero no me he de casar con hombre de tan mal talle.
Sancho (Aparte.)	Pero vivir regalado me ha de sacar de este susto.
Don Fernando (Aparte.)	Más mal me ha de andar el gusto, o he de apurar el criado.
Don Juan (Aparte.)	Pues ea, indicios, callar.
Don Lope	Ea, intentos, proseguid.
Don Fernando (Aparte.)	Ea, cuidados, a morir.
Doña Inés (Aparte.)	Afectos, a adivinar.

Don Juan	Y que halle, quieran los cielos,
	mi dilatada esperanza
	el camino a mi venganza,
	y el desengaño a mis celos.

Fin de la primera jornada

Jornada segunda

(Salen don Lope y Bernardo, criado.)

Don Lope   En fin, ¿no quieres dejarme?

Bernardo   Contradecirte me pesa;
pero en los juegos de amor,
para que mejor lo sepas,
aciertan más los que miran
que aquellos propios que juegan.

Don Lope   Yo he de entrar a hablar a Inés.

Bernardo   Mira lo que haces.

Don Lope   No quieras
apagar con los consejos
de mis pasiones el Etna;
permite que al labio salga
esta calentura lenta,
que es sanidad en el labio
lo que en el pecho es dolencia.

Bernardo   Si ha de casarse mañana
doña Inés ¿no consideras,
que con decirle tu amor,
siendo Inés cuerda y honesta,
si no aprovechas la voz,
que echas a perder la queja?
Acostúmbrate a sufrir,
un mal a otro mal suceda,
amortigüe a ese dolor
tu recato y tu prudencia:

pon de tu parte el silencio,
que callando, aunque más sientas,
en breve tiempo estarás
bien hallado con tus penas.

Don Lope

Ya solo en mi voz mi mal,
si hay alivio, alivio espera:
con fuego de amor ayer,
con ser fuego sin materia,
ardí buscando la llama
y teniéndola encubierta;
pues si porque sufra más,
o para que más padezca,
celos hoy han avivado
de mi incendio esta violencia;
y si con solo mi amor
ardí con llama violenta,
hoy, que a este amor se le añaden
de mis celos las sospechas,
¿Cómo quieres que me sufra,
cuando es fuerza que más sienta?

Bernardo

Y dime, Señor, ¿es justo
que tercera vez ofendas
a don Juan, cuando le debes
satisfacer dos ofensas?
A su hermano diste muerte,
y a su hermana, noble y bella,
burlaste, fingiendo el nombre,
aunque en hombre de tus prendas
viene a ser mayor traición
saber fingir las finezas;
y hoy tercera vez procura
con ruegos tu inadvertencia

	que elija ser prenda tuya
	la que serlo suya espera.
Don Lope	Yo no le ofendí, sabiendo
	quien, era el que ofendo; y deja
	los consejos, pues que has visto
	tan incapaz mi prudencia.
Bernardo	Ea, pues, obra, Señor,
	si sacar el premio esperas
	de tus deseos, conforme
	al influjo de tu estrella.
Don Lope	Hasta la propia antesala
	hemos entrado, y quisiera
	hablar a Beatriz.
Bernardo	Ahora
	por otra sala atraviesa.
	¡Ha, Beatriz!
Don Lope	¡Ha, Beatricilla!

(Sale Beatriz.)

Beatriz	¿Quién llama? ¿quién me cecea?
Don Lope	Yo soy.
Beatriz	¿Es don Lope?
Don Lope	Sí.
Beatriz	Abrázame antes que venga

mi Señora.

Don Lope   ¿Qué hay de nuevo?

Beatriz   Téngote famosas nuevas.

Don Lope   Dilas.

Beatriz   Entra más adentro,
                     que no quiero que nos vean
                     hablar los demás criados
                     que esa antesala pasean.
                     Mi Señora...

Don Lope   Dilo presto.

Beatriz   Aborrece con tal fuerza
                     a este don Juan, que esta tarde
                     la he tenido casi muerta.
                     Tanto llanto dio al dolor
                     en dos cristalinas hebras,
                     que recoger perlas quise
                     por darte un tesoro en ellas;
                     pero imán rojo su labio
                     las atrajo de manera
                     que pespuntó sus corales
                     con guarnición de sus perlas.

Don Lope   ¿Dónde está?

Beatriz   Ya se ha vestido.

Don Lope   Don Juan, ¿qué hace?

66

Beatriz	La gran bestia duerme.
Don Lope	¿Tan tarde?
Beatriz	Tan tarde, y es su dormir de manera que ya debe de pensar que se ha casado con ella.
Don Lope	¿Inés hase desvelado?
Beatriz	Como si tuviera deudas.
Don Lope	¿Podré hablarla?
Beatriz	Si podrás; pero de tal modo sea que no sepa... Pero ya sale a esta sala, y es fuerza que me vaya: yo te dejo donde aprovechar te puedas de tu prosa; dila aquello de mi ángel... mi bien... mi estrella... Promete como persona que no ha de dar; mete arenga; dila que eres infelice, que tienes infausta estrella, que de piedad puede ser que te escuche y se enternezca; y si pudieres echar, aunque más por fuerza sea, un lagrimón, será cosa para enternecer las peñas.

Don Lope	Pues toma...

(Dale un bolsillo.)

Beatriz	No hay que tratar.
Don Lope	Este bolsillo.
Beatriz	Eso fuera. Por pagarme la amistad, querer hacerme alcahueta.
Don Lope	Mira que llega tu ama.
Beatriz	Pues venga el bolsillo: llega, y créeme que le tomo por no parecer grosera.

(Vase.)

Don Lope	Vete tú.
Bernardo	¿Dónde?
Don Lope	A la calle.
Bernardo	¿Te he de aguardar?
Don Lope	Vete apriesa.
Bernardo	Mira que...
Don Lope	No me repliques.

Bernardo	Tu precepto es mi obediencia.

(Vase.)

(Sale doña Inés, y apartase don Lope.)

Doña Inés	Como jamás he cursado
	de los males en la escuela,
	nunca supe que cabían
	en un dolor tantas penas.
	Tres afectos, tres cuidados,
	tres tormentos, tres violencias
	del castillo de mi amor
	sitiaron la fortaleza:
	dos sujetos aborrezco,
	y uno adoro con tal fuerza
	que aunque quisiera querer
	lo que aborrezco, y quisiera
	aborrecer lo que adoro,
	tal mi idea está suspensa
	que no sé si el odio estime,
	o si el amor aborrezca.
	Don Juan (hable mi dolor)
	para ser dueño le espera
	de mi albedrío: don Lope
	mi fama y mi honor molesta;
	ambos de mi amor son iras;
	ambos de mi enojo señas;
	y al que en el alma se ha entrado,
	no sé por cuál de sus puertas,
	procuro echarle del alma
	y no es posible que pueda.
	Yo quiero bien, mas no quiero

(¡oh cielos, y quién pudiera
hacer que aquesta verdad
se quedara en ser sospecha!)
A un hombre tan desigual,
y de tan humildes prendas,
que es bajeza de mi sangre;
mas no pienso que es bajeza,
que aunque es verdad que el amor
de igualdades se contenta,
bien puedo yo querer bien
a otro que mi igual no sea,
que no es fino amor, amor
que se funda en conveniencias.
Sírvanos de ejemplo el Sol,
a quien Clicie galantea,
pues le espera a que despunte,
y con ser Clicie flor reina,
por requebrar a la rosa
la olvida el Sol y la deja,
y con ser la rosa fértil
parto inútil de la tierra
que entre raíces y espinas
tuvo su naturaleza,
mejor que a la reina Clicie
la regala y la requiebra.
Pues si el planeta mayor
es quien nos da su influencia.
¿Por qué no ha de hacer el hombre
lo que influye su planeta?
Olmo, monarca del prado,
a quien las flores cortejan,
se deja amorosamente
solicitar de la hiedra:
ella humilde se conoce,

primero los pies le besa,
y como se muestra amante
a enlazar sus brazos trepa,
hasta que iguales los dos
son dos almas y una mesina,
pues ella al olmo asegura,
y él a la hiedra sustenta.
Pues si con ser estas almas
vegetativas enseñan
a amar, ¿por qué no han de amar
a su imitación las nuestras?
Yo aborrezco; mas mi voz
salga en quejas a la lengua,
que no es bien donde hay amor,
que mis iras se diviertan.
Yo aborrezco, ya lo digo;
pero no habrá quien lo entienda,
que la voz de mis suspiros
enciende, pero no quema;
a don Lope es a quien digo,
que aborrezco con tal fuerza,
que pienso... ¿Quién está aquí?

Don Lope
Un desdichado, que llega
a coger en desengaños
lo que ha sembrado en finezas
una mariposa soy
tan deslumbrada y tan ciega,
que solicito la llama
para fallecer en ella,
y un infeliz a quien hacen
infeliz sus resistencias,
pues si de su voz no he muerto,
no moriré de mi pena;

pero aunque ingrata a mi amor,
desconocida a mi queja,
desprecias las ansias mías,
mas de vana que de atenta,
te he de avisar, aunque ahora
me rindes y me sujetas...

Doña Inés   No prosigas en matarme.

Don Lope   No es valor, sino destreza,
                 mis afectos.

Doña Inés   No los hables.

Don Lope   Mis iras...

Doña Inés   No las adviertas.

Don Lope   Sí te las he de advertir,
                 que es gran crueldad que pretendas
                 que mi mal no tenga alivio
                 en referirlo siquiera;
                 yo no te puedo olvidar,
                 doña Inés, yo me hago fuerza
                 a olvidarte, y es querer
                 del Sol vencer la carrera
                 yo a tus favores aspiro,
                 y sacrificar quisiera
                 al templo de tu rigor
                 toda un alma por ofrenda;
                 ¿a un hombre ignorante admites,
                 indigno de tus finezas,
                 y a quien supo conocerte,
                 pues te adora, le desdeñas?

Doña Inés	Vete, don Lope, no intentes que irritada o que grosera...
Don Lope	Ya estoy hecho a tus rigores, ya no hay más con que me ofendas, que criado en el veneno del desdén, él me alimenta mas ya que el último plazo a mis desdichas se acerca, oye mi mal, que si le oyes como él es, ha de ser fuerza que a premiarle y admitirle, si note obliga, te muevas, y pues que le has de premiar...
Doña Inés	Suspende iras y quejas, y esta amorosa locura hacia el pecho retroceda; miente vuestro labio infame, y el Sol, que luces dispensa, a decirlo con los rayos de su luz, también mintiera: ¿yo, si os escucho, premiaros? Más fácil fuera que crea que el Dios que el mar bruto rige del Abrego a la violencia, roto el alacrán de espuma pierda las azules riendas, que imagines que en mí puede haber sombra o apariencia de afición, sin que mi enojo no la apure o la resuelva. Con una dama, que en Burgos

confiadamente necia
os quiso, podéis pasar
esa fingida terneza,
y vuestra amante pasión
se corrija más discreta,
y en la cárcel del silencio
sea su alcaide la modestia;
y si no, ¡viven mis iras!
(mas no viven, que están muertas,
puesto que no me he vengado
con solo el incendio dellas),
que os haga, sí, vive Dios,
más átomos que hay estrellas,
hijas del Sol, y en el mar
disimuladas arenas
porque así...

(Sale Beatriz.)

Beatriz   Buena la hicimos:
tu padre salió a esta pieza,
y don Juan le ha visto ya;
Sancho este cuarto atraviesa,
y como voces has dado,
te busca.

Doña Inés   Beatriz, tú lleva
a don Lope a esa antesala.

Beatriz   Veralo Sancho.

Doña Inés   Pues sea
por esta pieza.

| Beatriz | Don Juan
te anda buscando por ella. |
|---|---|

Beatriz

Don Juan
te anda buscando por ella.

Doña Inés

Pues véanle, que no importa,
si es mi primo.

Beatriz

Aunque lo sea,
que siendo tan de mañana,
no es hora de primos ésta.

Doña Inés

Ea, Beatriz, ¿no lo escondes?

Beatriz

Mira que ha de dar sospecha
de lo que no ha sido culpa;
presto, Señora, que llegan.

Doña Inés

Pues escóndele en mi cuarto.

Don Lope

Porque tu opinión no pierdas,
me escondo.

Beatriz

No estés aquí,
más adentro hay donde puedas
estar más seguro; tú.

(Escóndese en otra cuadra.)

Ríñeme, para que entienda
que era conmigo el enojo.

Doña Inés

Si por mi padre no fuera,
te diera el justo castigo
que pide tu inadvertencia;
don Juan ha de ser mi esposo,

y quien atrevida intenta
decir que es un ignorante,
desairado y necio, crea

(Sale Sancho, don Juan y don Fernando.)

que me ofende; y dado caso
que estos defectos padezca,
si a mí me parece bien,
poco importa que los tenga.

Sancho
Dice muy bien doña Inés;
bruta, insulsa, majadera,
¿tan mal os he parecido?
Decid, bergante, ¿estas piernas
pueden ser más bien sacadas?
¿No soy ancho de hombros, puerca?
¿Mi cara haranla mejor,
aunque la hiciesen de cera?
Holgara haberme casado
para daros una vuelta
de podenco.

Beatriz (Aparte.)
Siendo suya,
ser de podenco era fuerza.

Don Fernando
Inés, ¿y por eso dabas
estas voces?

Sancho
Sí, éstas eran.

Beatriz (Aparte.)
Ya salimos deste empeño,
aunque tan caro me cuesta.

Don Fernando
(Aparte.)

Por solo ver a doña Ana,
ir a este cuarto quisiera
adonde está recogida;
pero hay riesgo en que le vea,
y la conozca don Juan;
voyme, con vuestra licencia,
que tengo que hacer.

Sancho   Adiós.

Don Fernando
(Aparte.)

Don Juan tiene dos ofensas,
una de sangre, y la otra
de honor; pues siendo tan ciertas,
no será justo que yo
le dé a Inés, mientras no venga
su deshonor, y deshace
el duelo de dos afrentas;
a buscar voy a don Lope,
porque en estas diferencias
he de juntar a los dos,
que aunque es verdad que se arriesga
una vida, no es razón
que mi honor por eso pierda;
pues veamos, ¡oh cuidados!
Si en tan rigorosa empresa,
o la espada los ajusta
o el consejo los concierta.

(Vase.)

Doña Inés (Aparte.)   ¡Que repetido en desvelos
crezca inmortal este ardor!

Don Juan (Aparte.)   ¡Que embarace yo mi amor
                      por un indicio de celos!

Doña Inés (Aparte.)   ¡Que esté mi dolor tan loco!

Don Juan (Aparte.)   ¡Que esté tan cuerda mi pena!

Sancho (Aparte.)   ¡Que hubiese anoche tal cena
                      y cenase yo tan poco!

Doña Inés (Aparte.)   Pues cese aquesta locura.

Don Juan (Aparte.)   Pues este recelo pase.

Sancho (Aparte.)   ¡Que mi amo me mandase
                      que cenase con cordura!

Doña Inés (Aparte.)   Mas no cesen mis pasiones.

Don Juan (Aparte.)   Mas vuelva esta llama a arder.

Sancho (Aparte.)   Mas por Dios que he de saber
                      si hay en Madrid bodegones.

Beatriz (Aparte.)   ¿Cómo he de sacar ahora
                      a ese galán escondido?

Sancho (Aparte.)   (Más vuélvome a ser marido.)
                      ¿Quereisme mucho, Señora?

Doña Inés   ¿Que esto mi desdicha espera?

Don Juan (Aparte.)   Cuidados no receléis.

Sancho	¿No diréis si me queréis? Acabad.
Doña Inés	Desta manera: antes que os viese, Señor, mi desprecio y mi osadía, lo que era desdén sabia, y ahora lo que es amor; mas vivo con mi dolor, que aunque sé que me adoráis, me pesa cuando premiáis este amor que ardiente veis, pues no le remediaréis con ser vos quien le causáis, amando, suspiro y lloro con lágrimas del deseo, cuando viéndoos a vos, veo
(Mira a don Juan.)	el dulce dueño que adoro; y a no ser por mi decoro, arrojada, vive Dios, porque se vieran los dos mostrara mortal herida, pues por vos gozo mi vida, siendo mi muerte por vos. Tan cruel, tan mi enemigo es mi amor, por ser tan raro, que cuando más lo declaro es cuando menos lo digo; y si hablo no le mitigo, y si procuro fingirle es castigarme en sufrirle, y así tengo en conservarle mucho fuego en ocultarle

y poco alivio en decirle.

Sancho (Aparte.)   (Con grande resolución
su amor me ha dado a entender,
icosa que aquesta mujer
me haya tomado afición!
Pues no perder ocasión
es justo, que si su estrella
su inclinación atropella,
dos cosas habré logrado,
la una hacer como criado,
la otra alzarme con ella.)
Tanto a quereros me obligo
desde el instante que os vi...
Sancho, responded por mí,
que no sé lo que me digo.

Don Juan   ¿Yo, Señor?

Sancho   ¿No sois testigo
de lo mucho que la quiero?
Pues responded, majadero.

Don Juan   ¿Pues yo sé vuestro cuidado?

Sancho   Haced lo que os he mandado,
pues me cosíais mi dinero.

Doña Inés   Esas finezas serán
sin alma.

Sancho   Sean.

Don Juan   ¿Qué intenta?

Sancho	Haced este rato cuenta
	que soy Sancho y vos don Juan.
(Aparte.)	(Y así este rato hablarán
	que yo lo he dispuesto así.)
Don Juan	Como lo consienta aquí
	doña Inés, servirte intento.
Doña Inés	Si es por mí, yo lo consiento.
Don Juan	Pues yo empiezo.
Sancho	Vaya.
Doña Inés	Di.
Don Juan	Yo con tan finos desvelos
	os quiero y con tanto ardor,
	que para decir mi amor
	os digo que tengo celos;
	primero fueron recelos,
	pero hoy, tan confuso estoy,
	que cuando a deciros voy
	quién soy, tal me llego a ver,
	que por ser el que he de ser,
	no soy con vos el que soy.
	Con discurso desigual
	habéis llegado a argüir
	que en no poderle decir
	se hace mayor vuestro mal;
	pero está mi pena tal,
	como es recelo mi amor,
	que al declarar el rigor

de mis pasiones veloces,
cuanto más le digo a voces,
se hace mi incendio mayor.

Doña Inés   ¿Luego si yo le he callado,
mayor mal vengo a sentir?

Don Juan   No, que el mío ha de morir;
mas cuanto más declarado,
más fuego en decirle he hallado.

Doña Inés   Yo en no decirle un rigor.

Don Juan   Yo con hacerle mayor,
ya a decirlo me sentencio.

Doña Inés   Pues mi mal en mi silencio
tiene todo su dolor.

Don Juan   ¿Luego el alivio has hallado
en callarle y reprimirle,
y yo el dolor en decirle
cuando no ha de ser premiado?

Doña Inés   ¿Cuando un amor no ha penado
más, cuándo se ha de ocultar?

Don Juan   Y en llegarle a declarar,
¿qué gloria habrá sin premiarle?

Doña Inés   ¿No es mucho peor callarle,
sin poderle remediar?

Don Juan   ¿No es más fuerte y desigual

	mal que puede reprimirse?
Doña Inés	Ni mal que puede decirse, tampoco es muy grande mal.
Don Juan	Pero destos males, ¿cuál es fuerza que más apure?
Doña Inés	Aquel que la voz procure; que es mayor mi mal contemplo.
Don Juan	Asegúrele este ejemplo.
Doña Inés	Este ejemplo lo asegure.

Don Juan

El que oculta un accidente,
o ya de honor u de afrenta,
le llora cuando le cuenta
y calla cuando le siente;
y es que entonces más ardiente
se remueve aquel ardor,
si calla, cesa el dolor.
¿Luego has experimentado
que le hace menor callado,
y hablado se hace mayor?

Doña Inés

Dices bien; pero imagina,
para hacer concepto igual,
que cuando se cura un mal
duele más la medicina;
experiencia peregrina
en este ejemplo hallarás,
pues cuando sintiendo estás
con voces tu mal veloz,

es que le cura la voz,
y por eso duele más.

Don Juan

También lo contrario infiere,
que cuando los males duran,
por mitigarlos procuran
que calle el que los refiere.

Doña Inés

No, quien tu discurso oyere
mis obediencias desdore,
que también (porque no ignore
tu discurso mi opinión),
a quien duele el corazón
le piden que hable y que llore.

Don Juan

Pues doña Inés, si es así,
callar quiero mi pasión.

Doña Inés

No, mejor es tu opinión,
yo he de hablar mi mal aquí.

Don Juan

¿Pues merezco tu amor?

Doña Inés

                                    Sí.

Don Juan

¡Qué gloria!

Doña Inés

                        Hoy te premiarán
mis finezas.

Don Juan

                            ¿Y serán
constantes?

Doña Inés

                        Amor es Dios.

Sancho (Aparte.)	Mucho se huelgan los dos, yo me vuelvo a ser don Juan.
Doña Inés	La calentura de amor se salió a mi labio ya.
Don Juan	Del mar de mi amor, ¡qué presto cesó la tranquilidad!
Sancho (Aparte.)	(O mal me anda el discursillo, o soy diez tontos, y aun más, o Inés me ha dicho su amor en cabeza de don Juan; si ella piensa que es criado y yo el dueño, claro está que por mí lo ha dicho; ello es, este huevo quiere sal.) ¿Oís? idos allá afuera.
Don Juan (Aparte.)	Sancho a solas, ¿qué querrá?
Beatriz (Aparte.)	Ya te obedezco, Señor. (¿No será posible echar a don Lope ahora?)
(Vase.)	
Don Juan	Sancho con doña Inés, ¿qué querrá?
Sancho	¿No os vais?
Don Juan	Ya me voy, Señor.

85

(Aparte.)   (Desde aquí quiero escuchar
lo que dice.)

(Escóndese.)

Sancho (Aparte.)   (Ahora bien,
yo me quiero desasnar,
que no han de ser vizcaínas
las novias; si Dios me da
una mujer que me diga
su amor tan de par en par,
perderlo por mi Señor
es muy grande necedad.)
Dulce dueño de mis ojos,
¿podrá un marido gozar
un poquillo de la fruta
que cría el árbol nupcial?

Doña Inés   Esto le faltaba ahora
a mi dolor que llorar.
¡Que no le haga mil pedazos!

Sancho (Aparte.)   Ella se quiere llegar,
y de puro vergonzosa
la vuelve el respeto atrás.

Don Juan (Aparte.)   Vive el cielo que se llega.

Sancho   Si os dejáis comunicar,
veréis más suave un alma
que la holanda y el cambray;
sabed, que un marido en cierne
bien puede ser manual.

Doña Inés (Aparte.)	¡Que sufra esto y no le mate!
Don Juan (Aparte.)	¡Que no le salga a matar! ¡Hay tal bestia!
Doña Inés	Vive el cielo...
Sancho (Aparte.)	Que hace de querer llegar, y el honorcillo la tiene si caerá si no caerá; mas yo he de ser el que embista, péscole la mano, y zas.

(Vuelve la cara, y cógele la mano, y bésala.)

Doña Inés	¿Cómo, villano, atrevido, te atreves a profanar en el templo de mi fama el honor, que es su deidad? ¿Cómo...?
Sancho	Detened, Señora.
Doña Inés	O mi enojo o mi crueldad ¿no te hacen dos mil pedazos?
Sancho	¿Dos mil pedazos no más?
Doña Inés	A no ser porque mis ojos se sabrán de si vengar, no en lluvias de aljófar puro, sino en fuentes de coral.
(Aparte.)	(Pero iras, ¿de qué servís? Cese vuestra actividad,

que no es bastante una queja
para aplacar todo un mal;
y si don Juan ha de ser
duelo de mi voluntad,
iras, temer y morir,
penas, sufrir y callar.)

(Vase.)

Sancho   Yo puedo hacer de mi amo
                    un sayo, y aun un gabán.

(Sale don Juan al paño.)

Don Juan   Pícaro, viven los cielos,
(Dale.)   que ahora me has de pagar
                    lo que has hecho.

Sancho   ¿Yo qué hice?

Don Juan   Besar su mano.

Sancho   No tal,
                    la mano me besó a mí.

Don Juan   De este modo pagarás
(Dale.)   tu deslealtad.

Sancho   Pues Señor,
                    yo, ¿en qué he sido desleal?
                    ¿He de perder, si me quiere,
                    por ti, mi comodidad?

Don Juan   Vive Dios.

(Dale.)

Sancho
                          Tente, Señor,
          no te precipites más.

(Sale doña Inés, y pégale Sancho a don Juan.)

Don Juan   ¿Qué es esto?

Sancho
                          Aqueste tacaño,
          descarado ganapán,
          no ha de estar una hora en casa;
          aun he de pegarle más.

Doña Inés   Advertid que es buen criado.

Sancho   Doña Inés, entraos a hilar,
          que es oficio de mujeres,
          y dejadme castigar
(Dale.)   mis criados; toma, puerco.

Doña Inés   Señor, mirad...

Sancho
                          Bueno va;
          ea, pícaro, expulsión,
          idos de mi casa. ¡Hay tal!

Doña Inés   Señor don Juan, si mi ruego
          halla en vuestro amor lugar...

Sancho   ¿Qué es lo que mandáis, Señora?

Doña Inés   ¿Qué? que no le despidáis.

Sancho	Agradecedlo a mi esposa,
	que a no mandármelo, ya
	os había de poner
	como a un San Sebastián;
	grosero, belitre, ruin,
	hombrecillo, tal por cual,
	noramala para vos,
	¿mi esposa os parece mal?
	Pues, bergante, yo os prometo
	que os la he de hacer descalzar.
(Aparte.)	(¡Oh si pudiera un criado,
	para poder descansar,
	sacudir de cuando en cuando
	a su dueño el balandrán!)

(Vase.)

Doña Inés (Aparte.)	¡Que esto escucho!
Don Juan (Aparte.)	¡Que esto sufra!
Doña Inés (Aparte.)	¿Si esto que dice es verdad?
	¿Si me aborrece?
Don Juan (Aparte.)	¿Qué espero?
	Yo me quiero declarar.
Doña Inés (Aparte.)	Pues torne otra vez mi pena
	su llama a disimular.
Don Juan (Aparte.)	Pero averiguar mi indicio
	es medio más eficaz.

Doña Inés	Y ahora dar lugar es fuerza para que pueda sacar Beatriz a don Lope, pues oculto en mi cuarto está.
Don Juan (Aparte.)	(Esto ha de ser.)
Doña Inés (Aparte.)	(Esto sea.) ¿Oís, Sancho?
Don Juan	¿Qué mandáis?
Doña Inés (Aparte.)	Advertid. (¡Estoy confusa!)
Don Juan (Aparte.)	¿Qué decís? (¡Estoy mortal!)
Doña Inés (Aparte.)	Que cuando dije... (¡Que tema, que reviente este volcán de mi fuego, si mi voz hace a la llama lugar!)
Don Juan	Ea, declaraos, Señora.
Doña Inés	A poderme declarar, yo dijera...
Don Juan	¿Qué decís?
Doña Inés	Que aunque oísteis...
Don Juan (Aparte.)	Acabad. (¡Que estando yo tan cobarde, esfuerce a quien no lo está!)

Doña Inés	Que aunque dije que os adoro, era porque erais don Juan.
Don Juan	Pues mi pena y mi deseo es porque a don Juan queráis.
Doña Inés	¿Lo deseáis?
Don Juan	Fuera mi gloria.
Doña Inés (Aparte.)	(No me tiene voluntad.) ¿Esto es cierto?
Don Juan	Y es tan cierto, que todo mi honor está en que a don Juan estiméis.
Doña Inés	¿Luego no os aseguráis que le adoro?
Don Juan	Estoy dudoso.
Doña Inés	Pues no lo estéis, y pensad...
Don Juan	¿Qué?
Doña Inés	Que solo a don Juan adoro.
Don Juan	¡Plegue a Dios que sea verdad!

(Vase.)

(Sale doña Ana.)

Doña Ana	Después que ayer don Fernando
	me dio este cuarto, y después
	que estaba con doña Inés
	mi pena y dolor templando,
	y después que por mí ayer
	lloró en líquidos cristales,
	porque obligan más los males
	cuando son de una mujer;
	estoy con grande cuidado
	de ver que tan tarde es,
	y ni llama doña Inés
	ni su padre me ha avisado;
	en esta cuadra he sentido
	de Inés, a lo que yo infiero,
	airadas voces primero,
	y después confuso ruido.
	¡Que este continuo anhelar
	mi amor y mi honor moleste!
	El cuarto de Inés es éste,
	entrarla quiero a buscar
	para avisarla también
	que irme de su casa trato,
	pues cuanto más me recato
	más lejos estoy del bien;
	porque si vengo a buscar
	a un hombre que me ha agraviado,
	¿cómo en un cuarto cerrado
	mi cuidado le ha de hallar?
	Y más cuando ha persuadido
	discursivo mi temor,
	que quien me fingió el amor
	el nombre me habrá fingido,
	y pues no he creído el nombre,
	sepa Inés este deseo;

mas por la espalda veo
dentro de su cuarto un hombre,
y no me quiero volver;
mas pienso que me ha sentido.

(Llegue doña Ana a la puerta donde está don Lope y hace que le ve; y vuél-
vase al tiempo que se vuelve don Lope y cógele de espaldas, y ella se vuelve
a la parte donde estaba, en que halla una puerta; ella la cierra y él hace fuerza
para que no la cierre, y siempre hablando desde la parte de acá afuera, y ella
haciendo fuerza de la parte de adentro.)

Don Lope	Hacia aquí he escuchado ruido;
	vive Dios que es doña Inés.
Doña Ana	No me vio el rostro, que fuera
	muy posible que importara.
Don Lope	¿Inés?
Doña Ana	Yo, cierro...
Don Lope	Repara,
	no cierres, aguarda, espera;
	yo vengo determinado,
	no pienses que has de cerrar,
	¡vive Dios que has de escuchar,
	puesto que yo te he escuchado!
	Mi pena en este rigor
	ya no puede estar, más muerta,
	que no es la primera puerta
	que le has cerrado a mi amor,
	mas por si llegan a ser
	celos los que me pediste
	de la dama que dijiste,

te quiero satisfacer;
si tu padre te ha casado,
mi amor quiere mi desvío,
pues nunca al desvelo mío
costó su amor un cuidado;
en Burgos la hablé y la vi,
y aun la llegué a merecer;
¿mas cómo puedo querer
a quien el nombre fingí?
Bastan estos desengaños
si celos tu enojo ha sido,
que a nadie se le han pedido
celos de amor de seis años;
tu discurso apresurado
a tu pasión atropella,
pues solo me acuerdo della
porque me la has acordado;
la satisfacción te doy,
paga el premio de mi fe,
pues ni la he visto, ni sé
en qué parte está.

Doña Ana   Aquí estoy;
viven los cielos, ingrato,
traidor y mal caballero...

Don Lope (Aparte.)   ¿Qué es, ojos, lo que hais mirado?
¡Aquí doña Ana! ¿Qué es esto?

Doña Ana   Que has de pagarme en venganzas
lo que he escuchado en desprecios
y supuesto que te he hallado
cuando te buscaba menos,
hoy de mi rigor ruina

	y de mi agravio escarmiento...
Don Lope	No des voces, oye, aguarda.
Doña Ana	No me atajes.
Don Lope	Yo prometo...
Doña Ana	Cercado de mi razón pide partidos tu miedo.
Don Lope	Oye, detente, Señora.
Doña Ana (Da voces.)	Don Fernando, aquí está el dueño de mi ofensa, y, el que dio muerte a mi hermano don Diego.
Don Lope	Mira que me iré.
Doña Ana	¡Ah traidor! ¿No hay quien oiga mis empeños? ¿No hay quien socorra el honor de una mujer?

(Sale don Juan.)

Don Juan	¿Qué es aquesto?
Doña Ana (Aparte.)	(¡Válgame el cielo! ¿qué miro? ¡Viva estatua soy de hielo!)
Don Juan (Aparte.)	(O es que mis ojos no han visto, ni mis oídos oyeron...)

Don Lope (Aparte.)	(O es que aquí mi sinrazón dejó mi acero suspenso...)
Doña Ana (Aparte.)	(O es, que porque sienta más, finge apariencias el miedo...)
Don Juan (Aparte.)	(O esta es mi hermana doña Ana, de tantos agravios dueño.)
Don Lope (Aparte.)	(O soy cobarde enemigo, pues no me irrito ni muero.)
Doña Ana (Aparte.)	(O éste es mi hermano don Juan.)
Don Juan (Aparte.)	(¿Pues qué aguardo?)
Don Lope (Aparte.)	(¿Pues qué espero? Salir es duelo forzoso.)
Don Juan (Aparte.)	(Matarle es preciso empeño.)
Don Lope (Aparte.)	(Mas quiero ver lo que intenta.)
Don Juan (Aparte.)	(Pero no sé, vive el cielo, cuál de aquestas dos ofensas debo castigar primero; aquí a mi hermana he encontrado, y a don Lope también veo; esta ofensa es de mi honor, y ésta parece de celos; una siento con ardor y otra guardo como incendio; si doy a mi hermana muerte, esa venganza divierto;

y si ésta vengar procuro,
la mas importante dejo.
¿Pues cómo, iras de mi fama,
han de cobrarme recelos
de mi sospecha y honor,
las dos venganzas a un tiempo?)

Don Lope   Hombre que le has suspendido
                           a mi valor los aciertos,
                           o acomete con la lengua
                           o háblame con el acero.

Don Juan (Aparte.)   (Pero si esta ofensa es cierta,
                           y dudoso estotro afecto,
                           sea para mi venganza
                           mi honor antes que mis celos;
                           muere, ingrata, porque así...)

Doña Ana   Señor, yo aquí...

Don Lope   Deteneos,
                           que aunque ella pidió favores
                           contra mí ya estoy en tiempo
                           que para librar su vida
                           vengo a ser quien la defiendo.

Don Juan   ¿Luego contra vos pidió
                           favor cuando salí?

Don Lope   Es cierto.

Don Juan   ¿Luego la debéis ofensa?

Don Lope   Pues a vos ¿qué os toca de eso,

siendo de don Juan criado?

Don Juan   Que soy criado os confieso;
y siendole fiel, me tocan
las ofensas de mi dueño.

Don Lope   Pues esta dama...

Don Juan   Decid.

Doña Ana (Aparte.)   (Atajar el riesgo quiero,
pues piensa que no es mi hermano,
y satisfacerlo a un tiempo.)
En este cuarto que veis
de Inés, este caballero
(no sé yo con qué intención)
estaba oculto y secreto;
yo le vi salir, di voces,
quiso atajarme, y en esto
saliste.

Don Juan   Cierra los labios,
tu voz pon en tu silencio
o en el fondo de mi pena;

(Aparte.)   (¡Qué de sospechas remueve,
pues cuando en tantos agravios
me voy a hallar satisfecho,
si hallo una sombra a mi honor,
hallo una luz a mis celos;
ahora bien, cierro esta puerta,
Sancho no está en casa, y puedo,
puesto que tengo ocasión,
satisfacerme yo mesmo.)
Señor don Lope, sacad

                              la espada.

Don Lope   Ya lo deseo,
(Sacan las espadas.) Que los dos somos iguales
                              en llegando a los aceros.
                              ¿Pero no hay campaña?

Don Juan   No,
                              que es tan ardiente mi fuego,
                              que si aquí con vuestra sangre
                              no intento apagarte presto,
                              cuando le quiera templar
                              llegará tarde el remedio.

Don Lope   Pues riñamos.

Don Juan   Sois bizarro.

Don Lope   ¿No parece, vive el cielo,
                              vuestro valor de hombre bajo?

(Llaman recio a la puerta.)

                              ¿Llamaron?

Don Juan   Sí.

Don Lope   ¿Pues qué haremos?

Don Juan   Reñir.

Don Lope   ¿No será mejor
                              ocultar el caso, y luego
                              ir a reñir a campaña?

Don Juan	Yo nunca he mirado en riesgos cuando riño.
Don Fernando (Dentro.)	Abrid aquí.
Doña Ana	Desta ocasión me aprovecho abro la puerta.
Don Juan	No abras.

(Abre la puerta, y sale don Fernando.)

Don Fernando	Detened, parad, ¿qué es esto?
Don Juan	Querer matar a don Lope.
Don Lope	¿Matar un criado necio?
Don Juan	Volver por vos y por mí.
Don Fernando	¡Qué es esto que miro, cielos! ¡Don Lope oculto en mi casa! ¡Sancho aquí tan descompuesto!
Don Juan	¡Que Fernando haya salido!
Doña Ana	¡Que esté mi mal sin remedio!
Don Fernando	¡Doña Ana ya descubierta! Contad, don Lope, este empeño.
Don Juan	Yo os lo contaré mejor;

pero decidme primero,
¿no ocultáis en vuestra casa
a doña Ana?

Don Fernando

No lo niego;
a su padre don Alonso,
y aun a su hermano don Diego,
debí mil obligaciones
que hoy público y hoy confieso,
y con guardar a doña Ana
pagárselas todas pienso,
pues le ha de importar su honor.

Don Juan

Decid, ¿y este caballero,
según vos decía, no es...

Don Fernando

Soy su amigo y soy su deudo.

Don Juan

Y decidme, don Fernando,
siendo criado ¿no debo
mirar en ausencia suya
por el honor de mi dueño?

Don Fernando

Mirar debes por su honor,
no lo dudo ni lo niego.

Don Juan

Pues en el cuarto de Inés
don Lope estaba encubierto,
doña Ana del se quejaba,
airado salí a este tiempo,
o esta ofensa es de doña Ana,
o de doña Inés el duelo;
la una ofensa es de un agravio;
la otra de honor y de celos;

y aunque yo vengo a ignorar
cuál es destos dos sujetos
por quien se ofende la fama
de mi dueño, cuando es cierto
que es por una de las dos,
matarle por una quiero.

(Embístele.)

Don Fernando	Tened la espada por Dios,
	que éste es el mayor empeño
	que han visto las experiencias
	de mis años.

Don Juan	¿Cómo puedo
esperaros?	

Don Lope	Acabad.

Doña Inés	¿Qué gran pena!

Doña Ana	¡Qué gran riesgo!

Don Fernando
(Aparte.)
     (Más le quiero asegurar
por doña Ana.) Ya os advierto
que desta dama el honor
es más limpio que el Sol mesmo;
y del duelo de mi hija
no debo satisfaceros,
porque ese duelo me toca
como a su padre; y supuesto
que tengo seguridad
de don Lope, no pretendo

	satisfaceros a vos, pues que yo estoy satisfecho.
Don Juan	A este cuarto no hay por donde pudiese entrar, pues yo mesmo he estado en esta antesala todo el día.
Don Lope	Vive el cielo, que es querer con vuestro honor apurar mi sufrimiento. Apartad.

(Embiste.)

Don Fernando	Tened, don Lope, porque es atrevido exceso, que a un criado se permita las licencias de su dueño.
Don Juan	Dejadme matarle.
Don Fernando	Tente, don Lope que me corro, vive el cielo, que tocándole a mí tanto el honor del dueño vuestro, de mi honor y de mi espada desconfiéis osado y necio.
Don Juan	Ya aquí no ha de ser posible satisfacerme; y supuesto que es difícil, a estas cosas quiero arriesgar un remedio; supuesto que os toca a vos

yo admito vuestro consejo
pero a los dos, dos palabras
pediros a un tiempo quiero.

Don Fernando   Yo juro hacer lo posible.

Don Lope   Y yo lo mismo os prometo.

Don Juan   Que entregaréis a doña Ana
                     a su hermano, es lo que os ruego,
                     y que vos acabaréis
                     con don Juan aqueste duelo;
                     con lo cual vengo a salir
                     de dos tal, graves empeños,
                     pues a él toca conseguirlos
                     y a mí toca el emprenderlos.

Don Fernando   Yo ofrezco lo que pedís.

Don Lope   Yo lo que ordenáis ofrezco;
                     pero es vergüenza, por Dios,
                     que siendo quien sois, os demos
                     palabra, que será nueva.

Don Juan   Vive Dios, e soy tan bueno
                     como don Juan, y que haré
                     que así lo confiese él mesmo;
                     y yo sé que don Juan es
                     tan puntual caballero,
                     que lo que mi lengua diga
                     sabrá sustentar su acero.

Don Lope   Pues yo os prometo buscarle.

Don Juan	Él os buscará primero.
Don Fernando	Yo a doña Ana guardaré.
Don Juan	Haréis como noble en eso.
Don Lope	Pues buscadme.
Don Juan	Ya es preciso.
Don Lope	Porque veáis...
Don Juan	Eso quiero.
Don Lope	Que mi espada...
Don Juan	En la campaña hacen más los que hablan menos.

Don Fernando
(Aparte.) (Mi hijo es don Juan, y a don Lope
 sangre y amistad confieso.)

Doña Ana (Aparte.) (Si digo aquí que es hermano,
 correrá mi vida riesgo.)

Doña Inés (Aparte.) (Éste es el primer criado
 que por su amo tiene celos.)

Don Juan (Aparte.) (De doña Ana he de saber
 mi agravio, y matarla luego.)

Don Fernando
(Aparte.) (Juntar a las dos procuro.)

Don Juan	Ah, don Lope, ¿estáis resuelto a reñir con don Juan?
Don Lope	Sí.
Don Juan	¿Vos guardaréis con secreto a doña Ana?
Don Fernando	Eso aseguro.
Don Juan	Pues buscará don Juan quiero.
Don Lope	Yo le aguardo.
Don Juan	Sois valiente.
Don Lope	Sois leal.
Don Juan	De eso me precio; deme mi agravio fortuna.
Don Lope	Deme mi valor esfuerzo.
Don Fernando	Consejo me den mis canas.
Doña Inés	Deme mi pasión remedio.
Doña Ana	Deme cordura mi ofensa.
Don Juan	Denme venganza los cielos.

Fin de la segunda jornada

Jornada tercera

(Sale doña Ana, con manto, y doña Inés deteniéndola.)

Doña Ana   Déjame ir, Inés, y advierte...

Doña Inés   Digo que no has de pasar.

Doña Ana   ¿Qué intentas?

Doña Inés   Quiero evitar
                  con mi advertencia tu muerte.

Doña Ana   Déjame ver el rigor
                  de una crueldad prevenida,
                  mira que ha de ser mi vida
                  medicina de mi honor.

Doña Inés   Esto, doña Ana, ha de ser.

Doña Ana   Reducirte en atajarme,
                  mira que será matarme
                  por quererme defender;
                  temo el acero inhumano
                  de don Juan, que está ofendido.

Doña Inés   Sancho y mi padre han salido
                  juntos a buscar tu hermano,
                  y así, puedes divertir
                  tu mal.

Doña Ana   Déjame, Señora.

Doña Inés   Mandome mi padre ahora

que no te deje salir.

Doña Ana   Si aquí me encuentra, imagina,
que don Juan me ha de matar.

Doña Inés   En el riesgo suele estar
dispuesta la medicina;
di tu nuevo mal, que es mengua
morir confusa en callarle,
que para poder contarle
es capaz toda tu lengua.

Doña Ana   El mal que infiriendo estás
de mi fortuna enemiga,
cuando le hablo, se mitiga,
y luego se enciende más;
mayor mi desasosiego
declarándole se fragua,
que a gran fuego echar poca agua
es hacer mayor el fuego.

(Llora.)

Doña Inés   Manifiéstame ese ardor,
que callas tú y yo recelo,
que yo te daré el consuelo
conforme al mal.

Doña Ana   Tengo amor.

Doña Inés   Yo también ese mal siento
con más preciso dolor,
que no hay quien no tenga amor
en teniendo entendimiento.

Doña Ana	Yo por mi honor con crueldad a mi obligación decente, si no modesta, prudente castigo mi voluntad.
Doña Inés	Que es igual mi amor te digo al que declarando estás; pues qué por mi honor no más le reprimo y le castigo.
Doña Ana	El mío ha de fallecer, pues mi voz mi honor disfama.
Doña Inés	Yo le doy sombra a mi llama y nadie la ha visto arder.
Doña Ana	Mayores son mis desvelos.
Doña Inés	Mi pena ha sido mayor.
Doña Ana	Más pena es mi amor que amor.
Doña Inés	¿Qué es la pena?
Doña Ana	Tengo celos.
Doña Inés	Cuando vi que discurrías y que al tiempo que contabas tu mal, también le llorabas conocí que los tenías; mas ni me admiro ni espanto que celos hayas tenido.

Doña Ana	¿De qué lo has colegido?
Doña Inés	De tu voz y de tu llanto; porque en la amorosa calma de sospechas y recelos, son el amor y los celos las calenturas del alma que salen por dar despojos, reducidos en agravios, las de celos a los labios y las de amor a los ojos; pues como en esta fortuna dispuestas siempre y abiertas el alma tiene dos puertas y amor no cabe por una; para no suspender tanto los dos su afecto veloz, los celos buscan la voz y el amor elige el llanto.
Doña Ana	Pues otro mal hay aquí que aflige más mis desvelos, que de quien tengo estos celos es...
Doña Inés	¿De quién? Dilo.
Doña Ana	De ti.
Doña Inés	Pues di, ¿de qué has colegido estos celos, y por qué?
Doña Ana	Porque a don Lope encontré dentro en tu cuarto escondido.

Doña Inés	¿Y yo estaba dentro?
Doña Ana	No; mas mi amante o mi enemigo, pensó que hablaba contigo y su amor me declaró; pues de aquel mismo desdén mayor mi sospecha se hace, porque aquel que satisface o es querido o quiere bien.
Doña Inés	Un desengaño mayor es preciso que se arguya en esta sospecha tuya.
Doña Ana	¿Qué es?
Doña Inés	Que yo te tengo amor.
Doña Ana	Y así, mi pena y mi afán, ¿cómo apagará esta llama?
Doña Inés	No hay dama que quiera a dama que ha querido a su galán y así por seguro ten que en mi no hay afecto tal, pues yo te quisiera mal si yo le quisiera bien.
Doña Ana	Celos he tenido aquí; pero mal de ellos infieres, pues no digo que le quieres sino que él te quiere a ti.

Doña Inés	Pues si él, traidor o infiel,
	tu amor y honor ha ofendido,
	esos celos que has tenido
	no son de mismo de él.
Doña Ana	Remedia mi pena fiera.
Doña Inés	Yo lo más que puedo hacer
	es llegarle a aborrecer,
	no hacerle que no me quiera;
	y mejor te estaba a ti
	si me despreciara cruel
	que yo le quisiera a él
	que no que él me quiera a mí.
Doña Ana	Dices bien; déjame, pues
	no remedio tanto ardor,
	por el riesgo de mi honor
	irme de tu casa, Inés.
Doña Inés	Vive Dios, que no te has de ir,
	y ahora tu mal infiera
	que si a don Lope quisiera
	yo te dejara salir.
Doña Ana	Cuando un riesgo se previene
	que decírtelo no puedo.
Doña Inés	Tu fama cure a tu miedo.
Doña Ana	Don Juan, no es don Juan.
Doña Inés	Él viene.

Doña Ana	Pues tú no me has de esconder, si librar quieres mi vida adonde estuve escondida.
Doña Inés	Eso doña Ana, ha de ser; por esa falsa escalera se va un cuarto principal; espérame en él.
Doña Ana	Mortal mi alivio, tu alivio espera.

(Vase.)

Doña Inés	Para verle en ocasión que no me ve prevenida, quiero escucharle escondida.

(Escóndese.)

(Sale Sancho.)

Sancho	Después de Dios, bodegón. Luego, dirán, que es deshonra comerlo allí sin sabor; ibendito seáis, vos, Señor, que no me habéis dado honra! En ser hombre desigual por más me vengo a tener, porque yo más quiero ser pícaro que Cardenal. Esto tengo por más bueno que ser señor y aun reinar,

que allá suele en el manjar
disimularse el veneno.
Pues ser pícaro dispongo,
que como Lope advirtió,
a ningún hombre se vio
darle veneno en mondongo.
Yo me entro a ser más profundo,
y yo me entro a discurrir,
¿por qué a mí me ha de podrir
que se use honra en el mundo?
¿Porque uno llegue a plantar
(dejemos a un lado miedos),
en mi cara cinco dedos,
le tengo yo de matar?
Pues respóndanme ¿por qué?
si hay barbero que me pone,
cuando afeitarme dispone,
como a mi San Bartolomé,
y llega con su navaja
que sabe Dios donde ha andado
y, en fin, después de afeitado
me toma el rostro y me encaja
cuatro o cinco bofetones,
¿porque en otras ocasiones
hay duelo e indignación?
¿No es mejor un bofetón
que quinientos bofetones?
¿Que aquestos duelos prosigan?
¿Que sea el mentir afrenta?
¿Que no importa que yo mienta
y importa que me lo digan?
¿Que haya en el mundo este afán?
¿Que este uso en los hombres haya?
Señor, aun los palos, vaya,

que duelen cuando se dan.
Duelista, que andas cargado
con el puntillo de honor,
dime, tonto, ¿no es peor
ser muerto que abofeteado?
¡Y que a la muerte tan ciertos
vayan porque el duelo acaben!
Bien parece que no saben
los vivos lo que es ser muertos.

(Sale Beatriz.)

Beatriz   Seáis don Juan, bienvenido.

Sancho   Beatriz, va de pundonor.

Beatriz   Don Lope, con mi Señor,
a buscaros han salido,
y Sancho, vuestro criado.

Sancho   ¿Qué me querrían?

Beatriz   No sé.

Sancho   No me encontraron, porque
hoy he sido convidado.

Beatriz   Vuestro suegro y dueño mío,
aquesta llave que veis,
me dio para que os bajéis
al cuarto que está vacío;
que será alegre os alabo,
quiere que abajo habitéis;
pero buen cuarto tenéis.

Sancho	Para mí hasta un ochavo.
Beatriz	Ya voy a bajar la cama.
Sancho	Y, en fin, ¿por qué la bajáis?
Beatriz	Porque no es bien que viváis en el cuarto de mi ama. Todos este yerro ven, y que no estando casado será en la corte notado que durmáis arriba.
Sancho	Bien; dadme la llave.
Beatriz	Tomad.
Sancho	¡Lo que a servirme se humilla! ¿Quieres creer Beatricilla que te tengo voluntad? Sí juro a Dios.
Beatriz	¿Qué me dices? ¿Amor me tienes a mí?
Sancho	Beatriz, desde que nací fui inclinado a Beatrices.
Beatriz	¿Que a mí con afecto tal quererme tu engaño intente?
Sancho	En siendo el amor corriente,

	busco la dama usual.
Beatriz	Que no he de quererte, digo, ni en mí ha de caer tal mancha.
Sancho (Aparte.)	(Porque la ruego se ensancha. ¡Qué bien decía un amigo, que el que quisiere vencer cualquier gorrona al llegar, no la procure rogar si la puede acometer.) ¿En fin, no te persuades a pagar mi amor honesto?
Beatriz	No.
Sancho	Pues embisto.

(Sale doña Inés al paño.)

Doña Inés	¿Qué es esto?
Sancho	¿Esto? nada, mocedades.
Doña Inés	¿Pues cómo habéis profanado mi opinión y fama toda?
Beatriz	Como se alarga la boda, anda el hombre endemoniado.
Doña Inés	¿Vuestra voluntad ingrata, cómo mi honra atropella?
Sancho	Yo no lo hacía por ella,

sino por tenerla grata.

Doña Inés	Advenid...

(Sale don Fernando.)

Don Fernando	¿Señor don Juan?
Sancho	Don Fernando, bienvenido.
Don Fernando	A buscaros he salido.
Sancho	¿Qué hay de nuevo?

Don Fernando
(Aparte.)   Hoy cesarán
mis dudas.

Sancho   Acabad, pues.
(Aparte.)   (¿Qué querrá este viejo hablar?)

Don Fernando   Solos hemos de quedar.
Vete, Beatriz; vete, Inés.

Sancho (Aparte.)   Pues no se me ha de escapar
La Beatricilla tirana.

Doña Inés   Bajo a buscar a doña Ana;
yo la voy a consolar.

(Vase.)

Don Fernando
(Aparte.)   ¿Cómo no le digo, pues,

de mi agravio estos extremo?

Sancho   Señor suegro, ¿qué tenemos?

Don Fernando   Un empeño grande.

Sancho   ¿Y es?

Don Fernando   Que al campo vais os exhorta
                  mi celo, que os desengaña.

Sancho   ¿Pues qué importa ir a campaña?

Don Fernando   Es a reñir.

Sancho   ¿Eso importa?
                  Mas si obedeceros trato,
                  ¿por qué imitarme queréis?

Don Fernando   Porque un agravio tenéis.

Sancho   Vos sois grande mentecato.

Don Fernando   Pues decid, ¿de qué inferís
                  ser yo necio y poco sabio?

Sancho   Si yo no sabía mi agravio,
                  ¿para que me lo decís?

Don Fernando   O atrevido o inhumano
                  que le deis la muerte espero,
                  porque está aquí el caballero
                  que dio muerte a vuestro hermano;
                  y fuese valor o suerte.

Cuando matarle intentó,
en vuestra casa le dio
a escuras sangrienta muerte.

Sancho

¿A escuras fue?

Don Fernando

A escuras fue.

Sancho

Pues no quiero acometerle,
que si aquél, mató sin verle,
¿qué hará de mí si me ve?

Don Fernando

No vengaros será ultraje,
y aun cobardía será.

Sancho

¿No miráis que sabe ya
como matar mi linaje?

Don Fernando

Que ése es temor, imagino.

Sancho

Pues tomar venganza espero.
¿Quién es ese caballero?

Don Fernando

Es don Lope, mi sobrino.

Sancho

Oh, pues si don Lope es,
templose mi enojo ardiente;
basta ser vuestro pariente
para echarme yo a sus pies.

Don Fernando

Que toméis venganza elijo,
o indignado o valeroso,
que siendo de Inés esposo,
más sois vos, pues sois mi hijo.

Sancho	Pues a morir se prevenga, que ya a matarle me arrojo.
Don Fernando	Notan presto.
Sancho	¡Oh, si me enojo, no hay demonio que me tenga!
Don Fernando	Con otra ofensa profana vuestra nobleza.
Sancho	Pues bien.
Don Fernando	Hay otro agravio también.
Sancho	¿Y es?
Don Fernando	Que ofendió a vuestra hermana.
Sancho	¿Cierto?
Don Fernando	Podéislo creer.
Sancho	Pues ya perdonarle intento.
Don Fernando	¿Por qué?
Sancho	Porque es juramento de no reñir por mujer.
Don Fernando	¿Ésa es la llama inhumana con que vuestro enojo ardió?

Sancho	Señor, ¿he de andarme yo hecho rufián de mi hermana si por mis pecados negros hace de mi muerte alarde?
Don Fernando	Vive Dios, que sois cobarde.
Sancho	Eso no toca a los suegros.
Don Fernando	Sí toca.
Sancho	¡Hay tal incitar e! Suegro cisma, y suegro eterno, si porque he de ser tu yerno procuras despavilarme, haces mal, que es sinrazón, porque un duelo satisfaga, que este yernicidio se haga antes de la posesión.
Don Fernando	Sancho, palabra le ha dado de reñir por vos aquí.
Sancho	Pues que la cumpla por mí, si la ha dado mi criado.
Don Fernando	¿Así un honor se desdora? ¿No reñís por vuestra hermana?
Sancho	Señor, reñir quiere gana, y yo no la tengo ahora.
Don Fernando	Vive Dios...

Sancho	¡Hay tal porfiar!
Don Fernando	¡Que así un temor os reporta!
Sancho	Hombre o suegro, ¿qué os importa que yo me salga a matar?
Don Fernando	Que cuando esposo os elijo de Inés, viendo esta templanza, o habéis de tomar venganza o no habéis de ser mi hijo; y sin que se satisfaga el duelo, no hay que pensar, que no os tengo de casar.
Sancho	Oye, de ese mal me haga.
Don Fernando	Vive Dios...
Sancho	¡Hay tal infierno de hombre!
Don Fernando	Cobarde, villano.
Sancho	No se tome tanta mano usted, que aun no soy su yerno.
Don Fernando	La muerte daros sabré, porque aunque me estoy templando...

(Sale don Juan.)

Don Juan	¿Qué es aquesto, don Fernando?

Don Fernando	Escucha, y os lo diré.
	Porque tome recompensa
	hoy de su honor ofendido,
	a vuestro dueño le pido
	que satisfaga esta ofensa.
	Pero hace tanto desprecio
	con saber ya su enemigo,
	que al verle remiso digo
	que es cobarde o que es muy necio.
	Y puesto que tan templado
	deja vivo un deshonor,
	pues no sabe ser señor,
	sed señor y sed criado.
	Cuerdo podéis enseñarte
	a cumplir con su opinión
	ésta fue mi obligación,
	don Lope espera en la calle,
	hacedle tener valor,
	criado a un tiempo y amigo,
	que aunque es grande el enemigo,
	es el agravio mayor.
	Imitadle vos aquí
	pues templado se reporta,
	que aunque a mí su honor me importa
	a él le importa más que a mí.

| Don Juan | Pues decidme, como sabio, |
| | ¿qué otro agravio hay que vengar? |

| Don Fernando | Don Juan le podrá contar, |
| | que don Juan sabe el agravio. |

(Vase.)

Don Juan	Sancho, amigo, ¿qué es aquesto?
Sancho	¿Fuese?
Don Juan	Ya se fue.
Sancho	Pues hable: dejemos aparte ahora ficciones y disparates, de mi amor y obligación las bien seguras lealtades no es tiempo de burlas éste; dime, ¿no desafiaste por mí esta tarde a don Lope?
Don Juan	Sin llegar a declararme le desafié.
Sancho	¿Por qué fue?
Don Juan	Mis sospechas se declaren, porque de Inés en el cuarto le hallé atrevido y amante.
Sancho	¿No reñiste con él?
Don Juan	No; hasta hacer seguro examen de su intento y de una ofensa que es fuerza que honor te calle.
Sancho	Pues, Señor, ahora es tiempo que tu acero tu honor lave, que las manchas del honor

las saca el calor con sangre.
Estrena la indignación,
pon la razón de la parte
no se ultraje tu valor
ya que tu honor se profane.
Don Lope ofende tu fama,
tu acero intente matarle,
que aunque tus celos ignoras
ignoras lo que más sabes:
aprovecha la ocasión
si no quieres que se pase,
su acero espera tu acero,
matarle intenta arrogante;
Si no te hallare sangriento,
determinado te halle;
Procura...

Don Juan   Calla; tu voz
mis oídos no embaracen
porque según me aconsejas,
parece que estoy cobarde;
di, ¿qué ofensa puede ser
que a la de celos se iguale?

Sancho   La del honor.

Don Juan   Dices bien,
que en dos extremos tan grandes,
respeto en un mal del otro,
son, cuando más tibias arden
las ofensas, fuego activo,
los celos ceniza fácil;
mas, dime, Sancho.

Sancho	Señor.
Don Juan	Dime, ¿aquesta ofensa nace de mis celos?
Sancho	No, Señor, de otro agravio.
Don Juan	No profanes el sagrado de mi oído, o harás que intente matarte.
Sancho	En mi vida, como tuya, te he de permitir que mandes, y no te quiero decir o tu desdoro o tu ultraje porque no podrás oírle ni yo he de poder contarle.
Don Juan	Bien haces, que si un agravio es del honor al contarle, se hace el valor sentimiento; pero cuando no se sabe el nervio del, el dolor, valor atrevido se hace: y si sabido ha de ser mi valor dolor, más vale, que el dolor se haga valor, porque me irrite y le mate; y di, ¿don Fernando ahora qué intenta?
Sancho	Desagraviarte, con ser su sangre don Lope,

129

	procura vengar tu sangre.
Don Juan	Y esta ofensa que tú callas
	y que adivinan mis males,
	¿sábenla todos?
Sancho	Sí.
Don Juan	¡Oh!
	¡Aqueste incendio me abrase!
Sancho	Y don Lope, tu enemigo,
	me está esperando a que baje,
	pensando que soy don Juan.
Don Juan	¿Cómo haré para matarle
	donde sepan mi venganza
	los que mis desdichas suben?
Sancho	Sácale a campaña.
Don Juan	No,
	porque aunque se satisfacen
	en el campo las venganzas,
	en casos de honor tan graves,
	aunque venza a mi enemigo
	no quiero yo aventurarme
	a que no se cuente bien,
	que allí no lo mira nadie;
	y con mirarlo y saberlo,
	hay en Madrid lenguas tales,
	que cuentan los vencimientos
	a la luz de los desaires.

Sancho	Pues, Señor, ya no se usa
	sacar la espada en la calle,
	que en las calles de la corte
	todas las guerras son paces.

Don Juan	Si yo tuviera una casa
	donde poder encerrarme
	con él...

| Sancho | Espera, Señor. |

| Don Juan | ¿Por qué? |

Sancho	Porque en este instante
	se te cayó la pendencia
	en la miel; aquesta llave
	es de un cuarto de esta casa,
	que aunque es bajo, es cuarto grande,
	ahora me la dio Beatriz,
	y dijo que me bajase
	a habitar en él; tú puedes,
	pues él te espera, encerrarte
	con él, que si le das muerte,
	Inés y su anciano padre
	han de saber tu venganza
	y tú has de quedar triunfante.

| Don Juan | Dices bien; pues baja, Sancho, |
| | y llámale. |

Sancho	Es disparate
	en cosas que importan tanto:
	ya bien puedes declararte;
	baja y di que eres don Juan.

Don Juan	En vano me persuades,
	que si por solo unos celos
	encubrí mi nombre amante,
	¿cuánto más justo será
	que por mi honor me disfrace?
	Y así, en tanto que vengado
	todo este volcán se apague,
	sabe tú sufrir mi nombre,
	pues yo sé pasar mi ultraje.
Sancho	Di, ¿qué quieres hacer?
Don Juan	Esto.
	Dame ahora aquesa llave.
Sancho	Toma ¿Qué intentas? Acaba.
Don Juan	Ahora es fuerza que bajes
	A desafiarle, que yo
	oculto quiero aguardarle
	dentro del cuarto escondido,
	y una industria ha de vengarme
	que has de ver.
Sancho	Dime, Señor,
	¿en fin, he de desafiarle?
Don Juan	Sí.
Sancho	Y si le diese una priesa
	de reñir, y al mismo instante
	desatacase la espada,
	¿cómo quieres que le ataje?

Don Juan	Hazle señas desde lejos, que él te seguirá al instante.
Sancho	Y di, si es corto de vista y no viese las señales, ¿qué quieres que haga, Señor?
Don Juan	Ya eso es pasar a cobarde.
Sancho	No es sino ser advertido; en fin, ¿quieres esperarle?
Don Juan	Dentro del cuarto estaré.
Sancho	Mira que al entrar no aguardes que él embista, embiste tú, que temo que se adelante.
Don Juan	Parte al punto.
Sancho	A obedecerte voy como leal.
Don Juan	Verasme, si el cielo quiere, vengado, que aunque no quiero escucharte este agravio, mis discursos son profetas de mis males.
Sancho	Pues, Señor, voy por don Lope.
Don Juan	Pues ya yo voy a esperarle.

Sancho	Soy tuyo.
Don Juan	Hoy he de premiar tu lealtad.
Sancho	No me la pagues; mucho más que yo en servirte vienes a hacer en mandarme.
Don Juan	Sancho, adiós.
Sancho	Señor, adiós él, por quien es, hoy me saque de ser criado y señor; no sea el demonio que paguen los Sanchos aquesta vez lo que hicieron los don Juanes.

(Vase.)

(Sale Beatriz.)

Beatriz	Vino la señora noche muy preciadita de madre de las sombras, más cerrada que colegio de estudiantes y a este cuarto principal he bajado en este instante de don Juan y su criado las camas; aquí no hay nadie que me escuche, aunque doña Ana y mi Señora no saben, en ese jardín ocultas, los intentos de su padre;

más ha de una hora que están
hablando; plegue a Dios que hablen
más que soldados que vienen,
de los Estados de Flandes.
Yo solamente no tengo
a quien le cuente mis males
pues vaya de soliloquio,
que en cuantas comedias se hacen
no he visto que las criadas
lleguen a soliloquiarse.

(Pone la luz sobre mi bufete.)

Este criado, este hombrón
de linda presencia y talle,
me aficiona por lo tosco
y pica por lo arrogante.
He dado en pensar que es
desgarrado, y algo jaque,
y los bravos solamente
son los que me satisfacen.
Lleve el diablo las mujeres
que quieren lindos bergantes;
¿para qué es bueno un tacaño
que se esté mirando el talle
desde el alba hasta la noche,
que presume que te hace
el amor de merced, solo
en permitir que le hables?
No es mejor un bravo, que entra
muy zaino, y dice: —¿Qué hace?
—¿Que quiere que haga a las diez
de la noche yo? Esperarle.
—¿No he dicho que no me esperes?

—¿Pues qué he de hacer? —Acostarse.
Y luego al punto me pega,
juntico de los gaznates,
seis manotadas. —¿Que no?
¿Él había de tocarme
en el pelo de la ropa?
—¿Oye? —Bien oigo. —Que calle
le digo. —No he de callar;
En mi casa estoy, infame;
—Mire no demos al diablo
de comer. —Con lo que él trae,
ni de cenar le daremos;
Y, en fin, con lindo donaire,
en bofetadas y coces
me da seis pares de pares.
Ésta es vida y éste es hombre
pasemos más adelante.
Llama un melifluo a la puerta.
—¿Quién llama? ¿quién es? —Yo, abre.
Entra, y lo primero es
irse al espejo a mirarse.
Llégase luego la dama,
y si ella quiere abrazarle,
dice: —Mira esa valona,
no sea que me la ajes.
¡Que haya quien quiera a estos mandrias!
¡Que haya mujer que los hable
pudiendo cualquiera dama
tener, si quiere buscarle,
no lindo que la requiebre,
sino hombre que la maltrate;
que si he de hablar la verdad,
las bofetadas me saben
(si son a tiempo) mejor

que gallinas y faisanes.

(Meten una llave en la puerta de adentro en el vestuario.)

Pues volviendo a este criado,
digo... mas la puerta abren
por defuera, o yo me engaño;
y porque ahora no hallen
a doña Ana y mi señora
presumo que es importante
echar este cerrojillo
y avisarlas que se guarden.

(Echa un cerrojillo que ha de haber.)

¡Ce, señora! ¡Ce, doña Ana!

(Salen doña Ana y doña Inés.)

Doña Inés   ¿Qué hay, Beatriz?

Beatriz   ¿No oís la llave
con que abren la puerta?

Doña Inés   Sí.

Beatriz   Pues subid antes que llamen
por esta falsa escalera.

Doña Inés   A mí me importa quedarme
en aquesta cuadra oculta.

Beatriz   En la escalerilla es fácil.

Doña Ana	¿No ves que pudiera acaso bajar por ella tu padre?
Doña Inés	Pues volvamos al jardín.
Beatriz	¿Abriré la puerta?
Doña Inés	Abre, que desde aquí escucharemos para saber cuánto pase.

(Vanse las dos por donde se vinieron, y Beatriz tire el cerrojo, y vase tras ellas.)

Beatriz	Tiro el cerrojo, y escurro la bola hacia aquesta parte.

(Sale don Juan.)

Don Juan	No acertaba, por Dios, a abrir la puerta; ahora importa que se quede abierta poner la llave intento por de dentro, ya mi venganza halló felice centro. En esta alcoba elijo recatado prevenirle mi industria a mi cuidado; ya llegan, y yo quiero prevenir a mi honor mi ardiente acero: hoy cobrará dichosa mi esperanza, o la satisfacción o la venganza.

(Escóndese.)

(Salen Sancho y don Lope.)

Don Lope	Ea, señor don Juan, solos estamos;

ya es tiempo que cumplamos,
pues son precisas las obligaciones,
de una ofensa las dos satisfacciones
y hallar quisiera, para no ofenderos,
medio para poder satisfaceros:
pero pues ya supisteis vuestro agravio,
pase al acero la pasión del labio,
que a una ofensa juzgada
satisface la lengua de la espada.
Por una parte intento provocaros
y por otra también cuido templaros,
que hoy temo, vive Dios (decirlo quiero).
Vuestra razón aun más que vuestro acero.

Sancho (Aparte.)   Por san Cosme bendito, que he entendido
que abrió mi amo la puerta y que se ha ido.

Don Lope   Ea, irrite el acero vuestro brío.

Sancho   Esto no quiere priesa, señor mío
(Aparte.)   (Él se fue, que dejó la puerta abierta.)

Don Lope   Acabad, y cerremos esa puerta.

Sancho   Esperad.

Don Lope   Ya la cierro.

(Ciérrala.)

Sancho   Entre puertas yo llevo pan de perro.

Don Lope   Avivad de este fuego las cenizas.

Sancho (Aparte.)	Más estocadas hay que longanizas; tiempo hay harto, Señor. (¡Por Jesucristo! Junto a esta puerta a mi Señor he visto.) Ea, Señor, ¿qué esperas? Porque este hombre ha de darme para peras.
Don Juan (Aparte.)	Empieza, riñe para asegurarlo.
Sancho (Aparte.)	¿Y si acaba conmigo al empezarlo?
Don Lope	¿No vibráis el acero penetrante?
Sancho	Estoy haciendo cólera bastante: sal, que ya empiezo.
Don Lope	¿Qué es aquesto?
Sancho	Nada; dejadme enderezar aquesta espada.
Don Lope	Que suspendáis vuestro valor me pesa.
Sancho	Tuércese fácilmente, es genovesa.
Don Lope	Acabad.
Sancho (Aparte.)	Vive Dios que un real no vale. (¿A qué espera mi amo que no sale?)
Don Lope	Que no le importa de vuestro brío infiero, que el valor obra más que no el acero.
Don Juan (Aparte.)	¡Oh cielos! ¡Quién pudiera reñir aquí con él sin que me viera!

(Riñe Sancho con don Lope y retírase.)

Sancho	Ea, pues.
Don Lope	Sois valiente y arrojado.
Sancho (Aparte.)	Helo sido, mas ya se me ha olvidado. (Ea, Señor, arrójate valiente.)
Don Lope	Bien reñís, vive Dios.
Sancho	Bonitamente.
Don Lope	¿Cómo yo mis impulsos no provoco?
Sancho (Aparte.)	Mal me trata; esperad, tened un poco. (¿Mi amo en qué imagina? Vive Cristo, que pienso que es gallina.)
Don Lope	Decid, pues, qué os ataja o qué os divierte.
Sancho	¿Vos no le distéis a mi hermano muerte a escuras?
Don Lope	Sí.
Don Juan (Aparte.)	Buen medio ha elegido para reñir y no ser conocido.
Sancho	Pues mi cordura a mi valor ataja que yo no he de mataros con ventaja; a escuras qué el matarle por vengaros, y a escuras, vive Dios, he de mataros.

(Mata la luz.)

(Sale don Juan y riñe a escuras con don Lope, y don Lope sale herido.)

	Ea, Señor, ahí tienes tu enemigo, toma en él la venganza o el castigo.
Don Juan	Matarele pues hoy quiere mi suerte satisfacer mi rama con su muerte.
Sancho (Aparte.)	Pues yo donde él estaba estoy seguro.
Don Lope	La luz muestra sus rayos en lo oscuro; más valiente por Dios os he advertido: viven los cielos que me habéis herido.

Don Fernando
(Dentro.)   ¡Hola, Beatriz!

Don Lope   Que bajan luz recelo.

Don Lope   Yo he de vengar mi sangre, vive el cielo.

Don Juan   Sancho, sal otra vez.

Sancho   ¿Qué dices?

Don Juan   Presto.

(Sale Sancho y escóndese don Juan.)

Don Fernando   Detened, esperad, don Juan, ¿qué es esto?

Sancho	Esto, matará aquel que me ha ofendido.
Don Lope	Yo he devengar mi sangre.
Don Fernando	¿Estáis herido?
Don Lope	Sí estoy.
Don Fernando	¿Es cuchillada o estocada?
Sancho	En mi vida he tirado cuchillada, que es de bobos, yo riño muy prudente.
Don Fernando	No os tuve, vive Dios, por tan valiente. ¿Dónde es?
Don Lope	En este brazo es la herida.
Sancho	Esa es mi herida, no la erré en mi vida.
Don Fernando	Y ahora vuestra ofensa, ¿qué es lo que pretende hacer?
Don Lope	Yo quiero satisfacer con vuestra sangre y la mía.
Don Fernando	Uno airado, otro ofendido, volved nobles a arrojaros que mucho más que a aplacaros a imitaros he venido; que si al bajar arrojado hallo solos a los dos, de ninguno, vive Dios, me pienso poner al lado.

                    Entre los dos igualmente
                    neutral mi pasión obligo
                    uno es mi sangre y amigo,
                    y otro mi amigo y pariente.
                    Y puesto que no se ve
                    (según de los dos recelo)
                    satisfecho vuestro duelo,
                    reñid, que yo os miraré.

Don Lope   Pues es tan cuerdo, admitir
                    es fuerza vuestro consejo.

Sancho   En efecto, aqueste viejo
                    me ha hecho por fuerza reñir.

Don Lope   Ya la ira me obliga aquí
                    a irritaros inhumano;
                    yo di muerte a vuestro hermano
                    y a vuestra hermana ofendí.
                    Y así, atrevido y osado,
                    todo mi ardor os provoca.

(Sale don Juan.)

Don Juan   Esa venganza le toca
                    solo a don Juan de Alvarado,
                    y así el acero indignad.

Don Lope   ¿Pues quién es don Juan aquí?

Don Juan   Yo soy don Juan.

Sancho   Es así.

144

Don Lope	¿Y este es Sancho?
Sancho	Así es verdad.
Don Juan	Bien pude disfrazar yo,
	oculto como criado,
	un agravio adivinado,
	pero averiguado no.
	Y así para castigarle
	me hizo esfuerzos el sentirle,
	que una cola es presumirle
	y otra cosa es escucharle:
	que soy don Juan bien se ve,
	y también a escuras fui
	el que primero os herí
	y el que ahora os mataré;
	a mi sospecha ofendida
	tiró el indicio otra flecha,
	y así vengué la sospecha
	con la sangre de esa herida.
	Mas ya que escuchó mi suerte
	mi agravio de vuestro labio,
	para sanear el agravio
	he de comprar vuestra muerte;
	y así las satisfacciones
	prometidas se verán;
	mirad si sabe don Juan
	cumplir sus obligaciones.
Don Fernando	Decid, ¿por qué cauteloso
	tan oculto habéis estado?
Don Lope	¿Por qué habéis disimulado
	el nombre?

145

Don Juan	Estuve celoso.
Don Fernando	¿Pues de quién los celos son? Decid el indicio aquí.
Don Lope	¿De quién?
Don Juan	De vos, pues os vi bajar por ese balcón.
Don Lope	¿Vos lo visteis?
Don Juan	Y después, o amante o determinado, os hallé oculto y cerrado dentro del cuarto de Inés.
Don Lope	Pues ¿por qué se declaró, guardando ardor tan violento, aquí vuestro sentimiento?
Don Fernando	¿No tenéis ya celos?
Don Juan	No.
Don Lope	Pues publiquen vuestros labios estos dudosos recelos: ¿por qué no tenéis ya celos? Decid.
Don Juan	Porque tengo agravios: amor tuve con desvelos iguales a mi dolor,

y así como en el amor
hallan propiedad los celos,
a un tiempo advertí y dudé
cautelosamente sabio;
pero en sabiendo mi agravio
de mis celos me olvidé.
Que si en dudas y recelos
de aquel repetido ardor
hay celos donde hay amor,
donde hay agravios no hay celos.

Don Lope   Aunque ya como enemigo
vibras la espada en la mano.
Advertid que vuestro hermano
era mi mayor amigo.
Y aunque a escuras, torpe y ciego
a don Diego muerte di,
pero como no le vi
no supe que era don Diego.

Don Fernando   Y en mi crédito se allana
esta verdad que os abono.

Don Juan   Pues esta ofensa os perdono,
y paso a la de mi hermana;
hoy mi venganza me llama
mucho más que mi rigor:
Mi hermana está sin honor
y mi honor está sin canta;
y a satisfacer primero
el duelo esta ofensa aspira,
que esta pasión pide ira,
y esta ofensa pide acero.

Don Lope	Cuando yo ofendí a doña Ana,
	de un error nacieron dos,
	que tampoco, vive Dios
	supe que era vuestra hermana
	que antes perdiera la vida
	avergonzado y corrido.
Don Juan	¿Y por no haberlo sabido
	deja de estar ofendida?
Don Lope	Ahora bien, ahora os muestro
	lealtad con que os mitigo,
	pues don Diego fue mi amigo,
	yo lo quiero ser más vuestro;
	si por templar los recelos
	de vuestros discursos sabios
	os quitase los agravios,
	quedarais vos con los celos.
	Decid, ¿no los templaréis
	si halláis nuevas recompensas?
Don Juan	Acabadas las ofensas
	tengo amor y los tendré.
Don Lope	Y si con nuevos desvelos
	que han de pronunciar los labios
	satisfago los agravios
	y satisfago los celos:
	¿no corregir advertida
	hoy vuestra sospecha fiera
	duelo y amor?
Don Juan	Eso fuera
	darme honor y darme vida,

y mitigaréis así
todas mis sospechas.

Don Lope   Pues
sabed que yo quise a Inés,
y Inés no me quiso a mí.
Beatriz, viendo mi pasión,
viéndome a su amor rendido,
por dos veces me ha escondido
en el cuarto y el balcón.
Y puesto que honores gano,
a satisfacer se allana
con la mano de doña Ana
la sangre de vuestro hermano
y si al sí de nuestros labios
doña Ana mi esposa es,
siendo vuestra doña Inés
ni habrá celos ni habrá agravios.

Fin de la comedia

Libros a la carta

A la carta es un servicio especializado para
empresas,
librerías,
bibliotecas,
editoriales
y centros de enseñanza;
y permite confeccionar libros que, por su formato y concepción, sirven a los propósitos más específicos de estas instituciones.

Las empresas nos encargan ediciones personalizadas para marketing editorial o para regalos institucionales. Y los interesados solicitan, a título personal, ediciones antiguas, o no disponibles en el mercado; y las acompañan con notas y comentarios críticos.

Las ediciones tienen como apoyo un libro de estilo con todo tipo de referencias sobre los criterios de tratamiento tipográfico aplicados a nuestros libros que puede ser consultado en Linkgua-ediciones.com.

Linkgua edita por encargo diferentes versiones de una misma obra con distintos tratamientos ortotipográficos (actualizaciones de carácter divulgativo de un clásico, o versiones estrictamente fieles a la edición original de referencia).

Este servicio de ediciones a la carta le permitirá, si usted se dedica a la enseñanza, tener una forma de hacer pública su interpretación de un texto y, sobre una versión digitalizada «base», usted podrá introducir interpretaciones del texto fuente. Es un tópico que los profesores denuncien en clase los desmanes de una edición, o vayan comentando errores de interpretación de un texto y esta es una solución útil a esa necesidad del mundo académico.

Asimismo publicamos de manera sistemática, en un mismo catálogo, tesis doctorales y actas de congresos académicos, que son distribuidas a través de nuestra Web.

El servicio de «Libros a la carta» funciona de dos formas.

1. Tenemos un fondo de libros digitalizados que usted puede personalizar en tiradas de al menos cinco ejemplares. Estas personalizaciones pueden ser de todo tipo: añadir notas de clase para uso de un grupo de estudiantes, introducir logos corporativos para uso con fines de marketing empresarial, etc. etc.

2. Buscamos libros descatalogados de otras editoriales y los reeditamos en tiradas cortas a petición de un cliente.

www.ingramcontent.com/pod-product-compliance
Lightning Source LLC
La Vergne TN
LVHW041254080426
835510LV00009B/734